抵抗の轍

アフリカ最後の植民地、西サハラ

新郷啓子 *Shingo Keiko*

目次

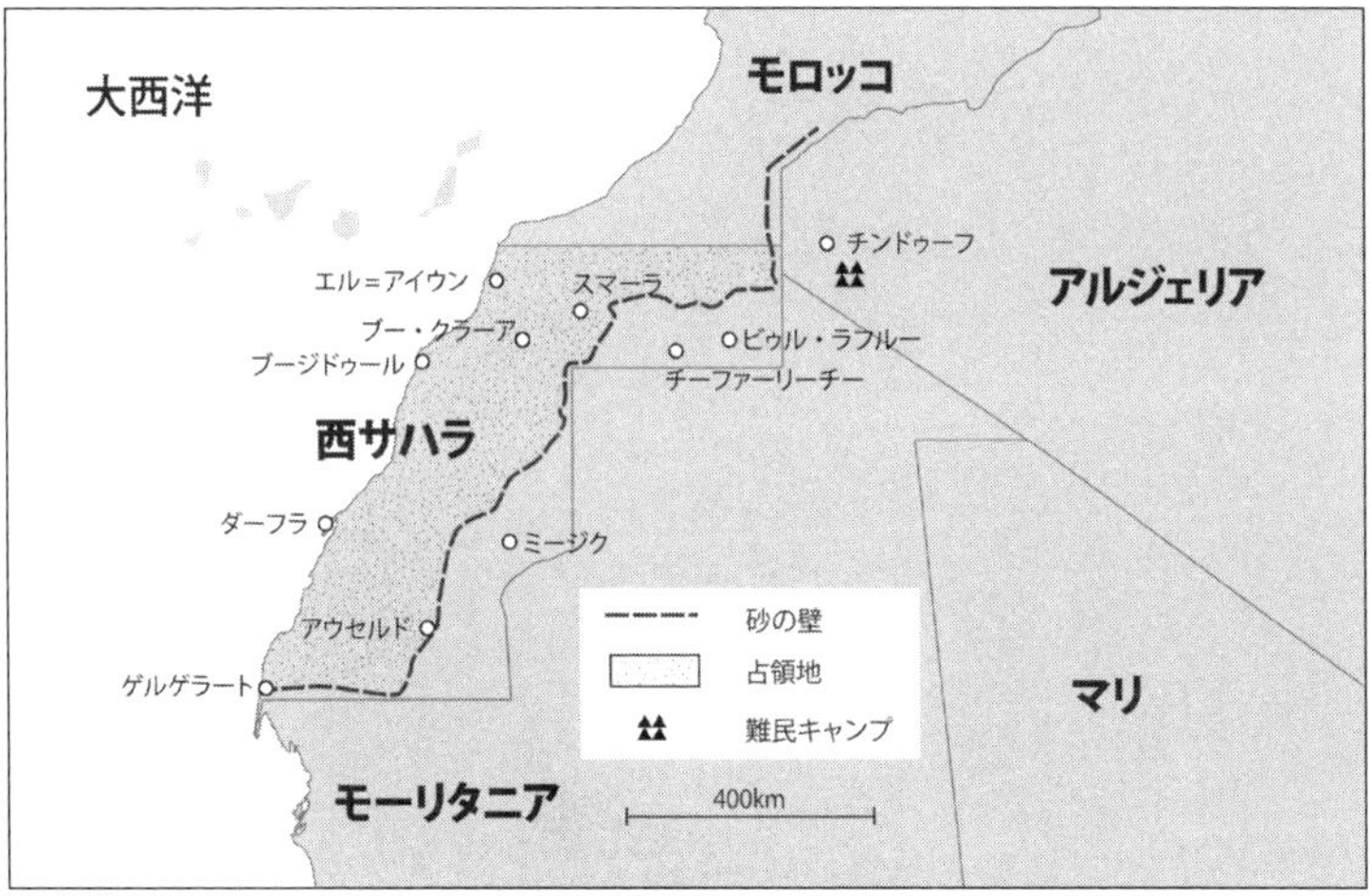

西サハラの地図　岩崎有一氏作成

一、本書には、RASD（サハラ・アラブ民主共和国 República Árabe Saharaui Democrática）やMINURSO（西サハラ住民投票のための国連派遣団 Misión de las Nationes Unidas para el Referéndum del Sahara Occidental）をはじめ、一般に馴染みのない、さまざまな機構や組織の略称が登場する。

国連には、現地で展開する組織の名称については旧宗主国の言語を用いるという慣習があり、MINURSOはスペイン語がもとになっている。本書もこれに倣い、MINURSOだけでなく、RASDなど、西サハラに直接かかわる組織の名称はスペイン語による略称を用い、それ以外の国際機構や組織は英語の略称を用いる。

但しモロッコに占領された地域で生まれたNGOの場合は、占領下の外国語教育がフランス語であるため、ほとんどの団体が外国語の名称にフランス語を用いている。その後、英語やスペイン語の名称も使われるようになったが、本書では、団体発足当時のフランス語の名称を用いる。

また、これらの略称は、本書初出時に日本語、およびスペイン語や英語の正式名称とともに記載し、それ以降は各章の初出時に日本語の名称と略称のみ記載することとする。

二、地名のカナ表記については、西サハラの地名は歴史的経緯を踏まえ、エル＝アイウンなど、スペイン語式の表記をもとにし、原音に長音がある場合はこれを加えた（例えば、ダーフラ）。また、近隣国の地名は日本で慣例となっている表記を踏襲した。

序章

ここに取り上げるのは、もうおよそ半世紀前から、民族としての「解放」を求めて闘い続ける人々の話だ。そこでは誰もが「解放」を切望して、心を一つにしている。それぞれに心性や考えは違っても、誰もの心がひたむきに「解放」を悲願し、人々はそれに向かって生きている。たとえ自分の目の黒いうちに「解放」が実現されなくても、子や孫は必ずや「解放」の日を迎えると信じている。この「解放」のために、人々は命を落とし、幾世代も続く苦境を耐え抜いている。民族の大義だ。

アフリカの地図を見ると、北西の大西洋沿岸部、モロッコの南側に「西サハラ」と記された領土がある。ほかの国々とは異なる色で塗られていたり、「西サハラ」という名がほかの国の名とは別の字体で記されていたりする。地図によってはモロッコとの国境線が実線ではなく、国境紛争地域に用いられる点線で描かれている。また無自覚あるいは悪質な地図になると、西サハラは存在せず、その領土はすっかりモロッコの中に組み込まれている。西サハラがこんな描き方に処されるのは、いまだ独立を達成していない、「アフリカ最後の植民地」だからだ。かつてのアフリカの植民地はどこも独立してしまったというのが一般知識だろうが、実はまだこうして一国とり残されている。ではなぜ残されてしまい、今もなおそれが続いているのだろうか。

現在のアフリカ諸国の国境線は、一八八四年のベルリン会議(1)で決められた。欧州列強の国々が、まるで一個のケーキを切り分けるように、卓上の地図で大陸を分割し、これによってアフリカに植民地が生まれていった。現在の西サハラに線を引いたのはスペインだ。そのためこの地域はスペイン領サハラと呼ばれることになった。

一九六〇年は、カメルーン、マリ、マダガスカル、ニジェール、コートジボワール、ソマリア、チャド……、十七ものアフリカの植民地が一挙に独立を遂げ、「アフリカの年」として記憶される。以降、アフリカの植民地は次々と独立を達成していく。そして一九七五年にアンゴラとモザンビークがポルトガルから独立すると、脱植民地化がほぼ完了したかに見えるアフリカで、隣国との連邦制や委任統治下(2)に置かれることもなく、単に独立を果たしていない植民地はスペイン領サハラ（西サハラ）だけになった。

西サハラが二十一世紀に入ってもなお独立を達成できていないのは、北の隣国モロッコがここに侵攻し、砂漠の大地に長大な砂の壁を築いて、領土の大部分を実効支配下に置いてしまったからだ。その結果、西サハラは砂の壁を挟んで、モロッコが占領支配する領土（占領地）と、サハラーウィの解放区の二つに分断されている。

サハラーウィとは西サハラの人々の呼称である。アラビア語で「砂漠」を意味する「サハラ」から派生した「サハラーウィ」は本来、「砂漠の人」を意味するが、西サハラの人々が自らをサハラーウィと称していることから、現在、国際的にも「サハラーウィ」が彼らの呼称となっている。

モロッコ占領軍による支配を逃れたサハラーウィは、隣国のアルジェリア領土内で、西サハラとの境界に近い砂漠地帯に難民キャンプを築いた。以来、人々は今日に至るまで四十年以上も、砂漠の中で難民生活を余儀なくされている。

（1）欧州十四カ国と米国が参加し、一八八四年十一月十六日から翌年二月二十六日まで続いた会議。アフリカのほぼ全域が分割の対象となり植民地化されたが、アビシニア（現在のエチオピア）と、旧米国植民地で一八四七年に独立していたリベリアは植民地支配を免れた。

（2）エチオピアとの連邦国になったエリトリアと、南アフリカの委任統治下に置かれたナミビア。その後、住民投票を経てエリトリアは一九九三年に、ナミビアは一九九〇年に独立した。

一方、壁の内側の占領地にはモロッコ人が入植し、占領下に留まったサハラーウィは二級市民に貶められ、二度目の植民地支配を生きている。

この地がスペインの植民地だった時代、一九七三年にサハラーウィの民族解放組織、ポリサリオ戦線 Frente Popular de Liberación de Saguia el Hamra y Rio de Oro（サギア・エル＝ハムラとリオ・デ・オロの人民解放戦線）が生まれた。ポリサリオ戦線は国連にも認められている西サハラ人民の唯一の代表組織で、モロッコ占領軍と十六年間にわたり戦火を交えた。一九九二年に成立した国連の和平案が、戦争に終止符を打ち、停戦が実現した。この年、国連は、その憲章に唱われた民族自決権を西サハラ人民が行使するために、住民投票を組織すると約束したのだ。ところが、住民投票に勝ち目がないと読んだモロッコが、その後さまざまな妨害工作を仕掛け、和平の歯車を停止させてしまった。国連は和平実現のために尽力するものの、モロッコの時間稼ぎと占領の既成事実化が今日に至るまで続いているというのが現況だ。

けれどもどうして国連は、これほどの長い年月を費やしても解決できずにいるのだろうか。大国が直接の介入をしたわけでもない紛争で、占領国のモロッコはというと観光客に人気の高い、平穏なイメージの王国だ。そんな国を相手に、国連が、自らに課した和平案を軌道に乗せきれないのはどうしてか。

領土や国境の問題であれば、長年引きずる例はある。しかし西サハラ問題は脱植民地化の問題でしかなく、和平の筋書きは既に成立している。にもかかわらず、サハラーウィは四十余年前から二つに分断されたままで、そのうえ一方は砂漠で難民生活、もう一方は自国にいながら隣国による占領の下で生きねばならないのだ。

こんな不条理な状況に抵抗し続けるサハラーウィにとって、自分たちの闘いが世に知られることは力強い支え、新たな原動力になるにちがいない。ただでさえ西サハラ人民の存在は、とりわけヨーロッパにおいて、政治的プレッシャーがかかり、マスメディアは問題を伏せ、あるいは矮小化する傾向にある。

国際政治の舞台で欧米と歩調を合わせる日本の場合はどうだろうか。モロッコと日本は、皇室外交や協力援助、通商関係で密な間柄を維持している。一例を挙げれば、私たちの食卓に上るタコ、これには、占領国モロッコが西サハラ領海で違法に捕獲し、輸出した産品も混じっている。日本政府にしてみれば、地理的な距離を隠れ蓑にして、できればメディアから触れられずに済ませたい問題かもしれない。

事実が語られずにいれば、占領者の意図に与することになる。それならば、外国で、サハラーウィに向けた連帯と支援の気持を表わすとしたら、その一つは語ることだろう。そこでこの本が作られることになった。

サハラーウィの大義がどんな正当性に裏打ちされているか、そしてこれを踏み躙る占領者の言い分がどれほど理不尽か、これを理解してもらいたい。四十余年間も難民生活を続けるとはどんなことか、四十余年間を占領下で暮らすとは一体どんなことか、想像の域を広げてもらおう。それにこの長きに渡って、諸外国の政府そして団体から、西サハラに対して外交的、物質的、精神的な支援が連綿とあることも知ってもらいたい。

およそ半世紀を数えるサハラーウィの解放闘争史上、命を落とした人々は大勢いる。自分たちの地を守り抜こうとした戦場で、拷問が繰り返されるモロッコの牢獄で、占領当局が武力介入する路上で、それに占領軍が敷設した対人地雷で……大義の殉難者《シャヒード》だ。殉難者には一人一人にその重みがあり、サハラーウィの誰もがこれを無駄にしたくないという思いに貫かれている。その犠牲は報われなければならない。それが報われるかどうか、これは大義を胸に今生きている人々、そして大義に共鳴し連帯する人々にかかっている。

日本から見れば、西サハラは地理的にも文化的にも遠い。したがって、遠いサハラーウィの声に耳を傾け、その大義に理解を寄せたところで、何か役立つことがあるだろうかと問われてももっともだ。これについて、何があると断言はできないにしても、まったく何もないとは決して言えない。

例えば、一九九〇年代後半にヨーロッパで、アムネスティ・インターナショナルの協力を得て、シーディ・ムハンマド・ダッダーシュさん釈放のための署名キャンペーンが繰り広げられた。ダッダーシュさんは、ポリサリオ戦線解放軍の戦闘員だったが、一九七七年のアムガラの戦いでモロッコ軍の捕虜となった。一九七九年、モロッコ軍に入隊させられ、その後脱走して、ポリサリオ戦線に合流しようと試みたところを捕まり、死刑を宣告された。その後、一九九四年に減刑判決が下りて、終身刑に処されていた。署名キャンペーンには日本からも多くの賛同署名が寄せられ、スイスのキャンペーン主催者がJapanという珍しい国名が目立ったことに感激して、キャンペーンの日本語版を作成した私にメールをよこしたくらいだ。

そして一九九九年、モロッコ国王の恩赦が下り、ダッダーシュさんは二十年の酷い監獄生活の末に解放された。その後、ダッダーシュさんは占領地で人権活動家となり、拘束や暴行の弾圧を繰り返し受けながら、二〇〇二年にノルウェーのラフト人権賞(3)を受賞した。オスロの授賞式には、一九七五年のモロッコ軍侵攻以来難民キャンプで暮らしている母親がはるばるやって来て、母子は四半世紀ぶりに再会できた。

二〇〇七年に私はモロッコの占領下にある西サハラを訪れたが、その時ダッダーシュさんに会った。かつての署名キャンペーンに日本からも参加者がいたことを伝えると、「本当に?」

(3) 一九八七年に設立され、毎年、人権活動者に対して授与される。これまでの受賞者の内、四名が、その後ノーベル平和賞を受賞している。

と言葉をつまらせ、うなずくように頭を繰り返し動かしていた。日本から見た西サハラがとても遠いように、西サハラから見た日本も遠い国だ。そんなはるか彼方の国から自分の解放を求める人々の署名が届くというのは、格別の印象をもたらしただろう。

どうして日本で西サハラについて？　という問いに対して、もう一つ、これは反転した回答でしかないが、言えることがある。国際法に違反して占領を続けるモロッコは、諸外国に西サハラを自国領土として認識してもらう必要がある。このためにモロッコはさまざまな分野で情宣活動に力を入れているが、その一つに占領の「正当性」を説き、解放を求めるポリサリオ戦線とサハラーウィを誹謗中傷する出版物がある。ヨーロッパでは紛争が勃発した当初から見られた活動だが、今日では日本にもそれが上陸している。日本は、モロッコから見て遠い国でも、そんな活動を展開しなければならない所以が充分にあるのだろう。

デマが繰り返されると、それは真実にはならなくても、認識上の事実になってゆく。モロッコが半世紀をかけて繰り返したデマは、正義を求める声にとって、容易くは打ち壊せない壁になってしまう。モロッコ国内でも、大半の人々が誤った認識を植え付けられ、歪んだ視点でしか問題を見ることができなくなっている現象と同じだ。

ところが西サハラ問題は、視点を変えて論じられる類の問題ではなく、そもそも国際司法裁判所と国連決議が、法的根拠に基づいてその見解と解決の道を明示している問題だ。だからこそ占領国モロッコは、国際法上、曖昧な解釈はありえないところで、自らの違法行為を正当化しなければならず、プロパガンダ戦法に拘泥しているのだ。

昨今ではあちこちで、民主主義の主役であるはずの法や道義が脇役に回される事象が見られるが、西サハラ問題もその例外ではなく、サハラーウィの苦難が長期化する背景にはこれがある。見方次第では、半世紀近くかかっても「解放」を手にできなければ、この先も不可能だとする意見も出て然りだ。しかしモロッコが置かれた立場に目をやるなら、半世紀近くかかっても国際社会に西サハラを自国領土と認めさせることは不可能で、モロッコの行く手には常に、国際正義が立ちはだかり続けるのだ。

本書の中にも挿んだエピソードだが、一九八〇年代にモロッコとポリサリオ戦線の間で戦争が続いていた頃、ポリサリオ戦線側にはモロッコ兵の捕虜が大勢いた。ポリサリオ戦線は捕虜たちが、モロッコの家族と文通できるよう便宜を図っていた。当時モロッコ国王は、捕虜の存在を否定していたため、これは極秘の文通だ。手紙は束にされて一旦パリ駐在ポリサリオ戦線の代表部事務所に運ばれ、そこで一通ずつ封筒に入れられ、宛先が記入されて投函される。この時、捕虜が書いた手紙の便箋に、パリのとある住所を記入しなければならない。モロッコの家族が、返事や小包を郵送するための住所だ。当時パリ在住だった私はこの作業を手伝っていたが、ある日便箋の下に件の住所を記入し忘れ、そのまま十通ほどの封筒を投函してしまった。

それを代表部のサハラーウィに詫びたところ、意外な口調で言葉を返された。「捕虜たちが、どれほど家族からの手紙を待ちわびているか分かっているだろう」という最後の一言に、私は殆どあっけにとられた。このサハラーウィは家族の半分が占領地にいて、その安否は間接的に第三者を通してしか届いてなかった。ましてや戦争でモロッコ側の捕虜となったサハラーウィ戦闘員などは、文通どころではない処遇に遭っていたはずだ。にもかかわらず、このサハラーウィの反応は、王国の野望のために使い捨てにされるモロッコ人捕虜たちの境遇を、同じくこの野望の犠牲となっている自分たちの境遇と重ね合わせているように思えた。この時私は、「自分は誤った大義に関わってはいない」という確信を持った。それに西サハラの人々が求める正義は、国際社会が自ら保障し続けている正義なのだ。

「不正の状況において中立であるならば、あなたは抑圧者の側を選んでいることになる」

デズモンド・ツツ(4)

(4)反アパルトヘイトを闘った南アフリカの聖公会牧師。ケープタウン主教、神学者。一九八四年にノーベル平和賞受賞。

第一章　西サハラ紛争の背景

——スペインによる植民地化からモロッコによる占領まで

十九世紀後半、勢いを増すヨーロッパの帝国主義列強の中で、かつて一大植民地帝国を築いたスペインはすでに衰退期を迎えていた。西サハラの植民地政策にもそれが反映していたが、一世紀足らずを経て、フランコ独裁政権の断末魔に、スペインは植民地を棄てて出てゆく。それも正面玄関からではなく裏口からの退場だ。代わって占領者として登場するのがモロッコである。本章では、サハラーウィの先祖代々からの領土がスペインの植民地となり、やがてモロッコに占領され、西サハラの人々が二つに分断されるまでの西サハラの歴史を概観する。

第一節　植民地化以前の西サハラ ―― サハラーウィの社会と生活

一九七五年十一月、スペインが九十年にわたる植民地支配を手放すと決めるやいなや、モロッコとモーリタニアはスペイン領サハラに軍事侵攻し、西サハラを占領した。現在まで続く、モロッコによる西サハラ占領の始まりである。侵攻に先立ちモロッコとモーリタニアは国際司法裁判所に、西サハラに対する領土主権を主張し、提訴した。これに対し、ハーグ国際司法裁判所は一九七五年九月、次のような諮問見解を述べて、西サハラに対する両国の主張を斥けている。

スペインによる植民地化の時、当地域は主なき地ではなかった。……当地域の氏族の中には、モロッコのスルタンに忠誠を誓った氏族がいた。……しかしながら当地域とモロッコ、あるいはモーリタニアとの間には、領土に関するいかなる主権関係も存在しなかった。

すなわち、西サハラのサハラーウィ社会は歴史的に、一八八四年にスペインの植民地となるまで、隣国の権力下に置かれることもなく、政治的に自律していたということだ。では、それは、どのような社会であったのだろうか。

支配者のいない氏族社会

アフリカの国境線は、欧州列強が一八八四年のベルリン会議で勝手に決めたものだ。そのため、定規で引かれたような真っすぐな国境線が多く、その地に暮らしてきた民族の歴史的な生活圏と必ずしも一致するものではない。むしろ大陸のあちこちで、これらの国境線が歴史的共同体を引き裂き、相異なる共同体に共存を強制し、それが今日なお、アフリカ諸国にさまざまな陰を落としている。西サハラも例外ではない。

西サハラの地理的な位置は序章で述べたが、スペインによる植民地化以前には他のアフリカ諸国同様、西サハラにも国境線はなかった。当時、サハラーウィが暮らしを営んでいた地域（歴史的西サハラ）は、ほぼ今日の西サハラの領土に重なってはいるが、それを上まわっていた。歴史的西サハラは植民地分割による線によって、今日の西サハラに一回り小さく切り詰められてしまったと言える。

それを示す一例として、西サハラ関連の文献を読んでいると、歴史上の人物の生地が、今日の西サハラではなく、モロッコやモーリタニアなど近隣国の生まれとなっていることがある。例えば、家族が現在のモロッコ南部を遊牧していたときに、そこで母親が出産したとす

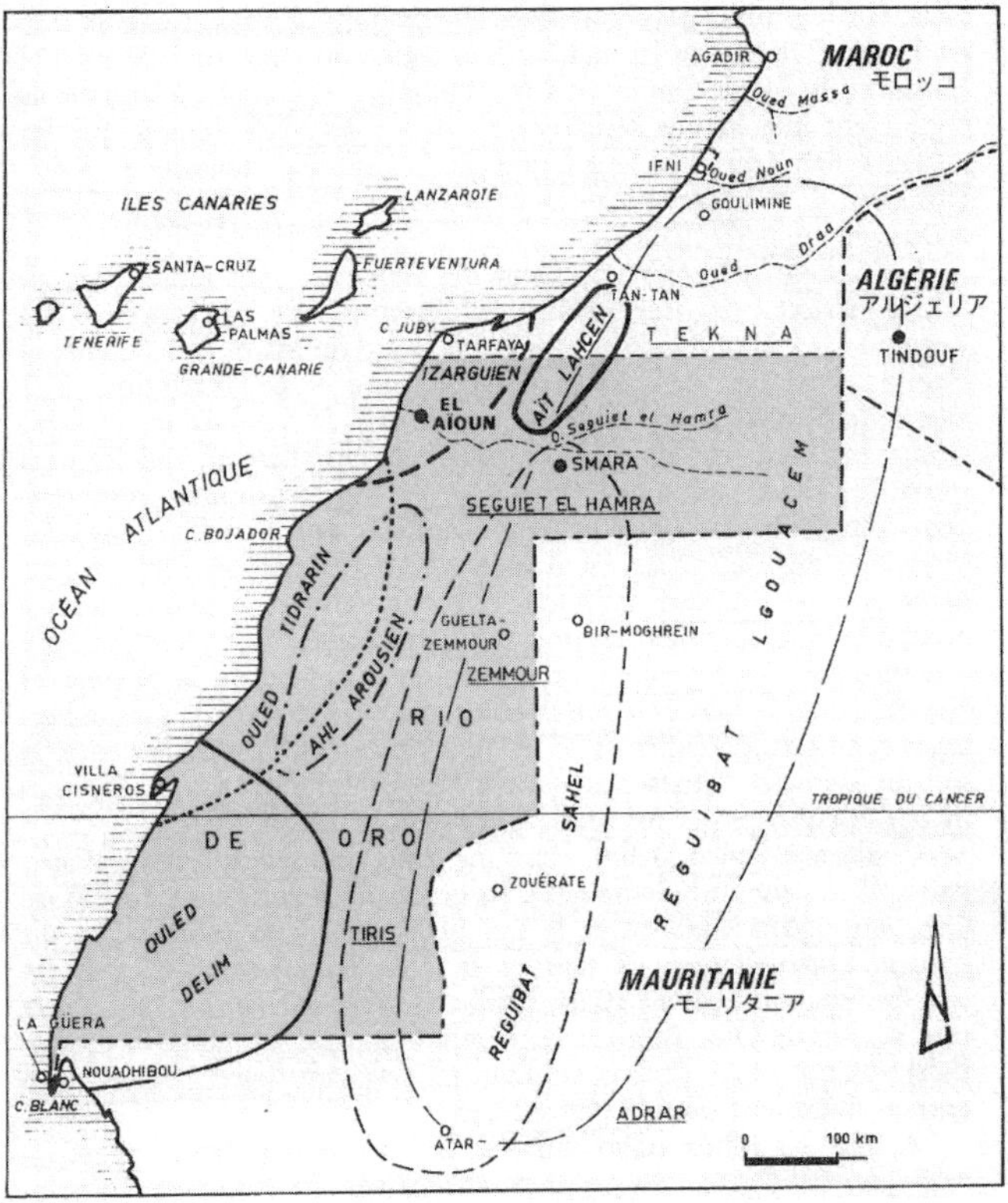

スペイン領サハラ（現在の西サハラ。色塗部分）と歴史的西サハラ（複数の楕円形は各氏族の遊牧移動圏を示す）の図。Barbier, *La conflit du Sahara Occidental* p.9 をもとに作成。
© *L'Harmattan*, 1982 ISBN: 2-85802-197-X

れば、その人物の生地は、現在はモロッコ領のその土地となる。あるいは母親がモーリタニアに里帰り出産をすれば、生地は、現在はモーリタニア領の地名となる。アフリカの国境線の成り立ちを思えば、こうした例はサハラーウィに限られたことではないに違いない。

　西サハラは基本、砂漠だ。この砂漠と

いう地理的条件のため、サハラーウィの伝統的生活形態は、ラクダを使った長距離移動型の遊牧生活だった。移動先にフリグと呼ばれる集団単位で天幕を張り、家畜を放牧させる（大西洋の沿岸部には、漁業を営む氏族もわずかながら存在する）。

サハラーウィの社会は、同一の先祖を持つ父系の氏族がいくつも集まって構成されており、それぞれの氏族はおよそ定まった遊牧の移動圏内で生活していた。氏族群のなかには「雲の息子たち」という別名を持つ大氏族もいた。雨後の植生がみられる土地を探すために、雲の移動を追っていたところからこのように呼ばれていた。氏族ごとの移動圏を図面に描くと、今日の西サハラの国境はその圏内に収まる（前頁地図参照）。

あるフリグの野営地のようす。20 世紀半ば頃。Mohamed Fadel 氏写真提供。

現在の西サハラの面積は二六万六千平方キロメートル、日本よりひと回りほど小さい。北にモロッコ、東にアルジェリア、東南から南にかけてモーリタニアに接し、西は大西洋に面している。

領土は大まかに南北二つの地方に分けられ、北はサギア・エル＝ハムラ、南はリオ・デ・オロという。サギア・エル＝ハムラはアラビア語で「赤い小川」を意味する「アル＝サーキヤ・アル＝ハムラー」がスペイン語化した呼称、リオ・デ・オロは、スペイン語で「金の川」を意味し、アラビア語では同義の「ワーディ・アル＝ザハブ」

サギア・エル＝ハムラ（赤い小川）。2018年8月、岩崎有一 氏撮影。

と呼ばれる。砂漠の大地に川の名がついているのはおもしろいが、前者は、この地方で雨が降ると川の流れができる涸れ川の名前で、川岸の色が赤味を帯びているところから来ている。後者は、十五世紀にポルトガル人がこの地域で金を発見したことに由来する。

砂漠気候のため降雨量は非常に少ない。夏、内陸部の最高気温は45度に達するが、海岸部は一年を通して比較的温暖な気候に恵まれている。

サハラーウィの氏族社会では、各氏族の次元と、氏族群が集合した社会全体のそれぞれに固有の行政組織が備わっていた。前者は「ジャマーア（集団）」、後者は「アイド・アルバイーン（四十の手）」と呼ばれた。

この社会の特徴は、それぞれの氏族が社会

的肩書を備えて機能していたことだ。ある氏族は戦士、ある氏族は文士といった肩書で、氏族間に上下の力関係はあったが、歴史上、権力を握る氏族や支配者は生まれなかった。もちろん氏族同士のあいだで流血の戦いが起きたこともあり、その模様はサハラーウィの口承文芸の中で武勇伝や叙事詩となって語り継がれている。

十八世紀に西サハラ沖で遭難し、サハラーウィ社会に滞在したフランス人フォリーは、その体験記の中でサハラーウィのメンタリティをこう綴っている[1]。

アイド・アルバイーンのメンバー。Bahia Mahmud Awah, *La entidad política precolonial saharaui*, Bubok Publishing, 2018

> モセルミ〔ムスリムのこと。フォリーはサハラーウィをこう呼んでいる〕の社会体制は非常に共和主義的だ。ここの人々はみな自由を愛し、自由のためにはどんなに貴いものも惜しまない。……この民族は支配を嫌悪し、何にもまして自分たちの自由を大事にしている。実際、彼らは自由でいるし、そのことによって幸福を感じている。

（1）Maurice Barbier, *Trois Français au Sahara Occidental 1784-1786*, L'Harmattan,1984.

チーファーリーチーの岩壁画。2009年2月、Bahia Mahmud Awah 氏 撮影。

サハラーウィを「民族」として定義付けるものとして、言語がある。ハサニーヤというアラビア語の一方言で、隣国アルジェリアのアラビア語方言とも、モロッコのアラビア語方言とも異なっている。同じくハサニーヤが話されるのはモーリタニアで、特にモーリタニア北部は、音楽や文芸の点においても民俗学的にサハラーウィと兄弟の間柄だ。

サハラーウィの先祖は、アラブ・イスラームの到来以前から北アフリカに先住するベルベル人と、十五世紀から十七世紀にかけて、現在のイエメンから西へ移動して来たアラブ人遊牧民が融合し、ここにサブサハラのアフリカ人が混ざった人々だ。しかし、サハラ砂漠に人が住んでいた痕跡は、紀元前数千年に遡る。アルジェリアやマリなどのサハラ砂漠地域には、当時の狩猟生活を物語る、動物や人間の描かれた岩壁画遺跡があって世界文化遺産に指定されているが、西サハラ北西部に位置する村チーファーリーチーにも、同様の岩壁画遺跡がある。

人々の伝統的食生活で代表的なものは、ラクダや山羊の乳から作る乳製品だ。飲むヨーグルトに似たゼリッグや、山羊の革袋に入れて作られるバターがある。食肉はラクダ、山羊、羊、それに昔はサハラ砂漠に多数棲息していた野生のカモシカだ。保存用には細長く切った肉片を、タルハというアフリカ・アカシアの枝の棘に刺して吊るし、乾燥させていた。常備食は、鉄分が豊富で、どこの砂漠の民にも欠かせない食品、乾燥ナツメヤシだ。

砂漠という風景が私たちに喚起するイメージは、キャラバン（隊商）だろうか。実際、ヨーロッパによるアフリカ植民地化以前は、西サハラは現在のマリやセネガルの金、香料、ナツメヤシ、岩塩といった商品を北へ運ぶキャラバン隊の交易路となっていた。

第二節　スペイン領サハラ

序章で述べたように、一八八四年のベルリン会議のアフリカ分割で、スペイン領サハラが誕生した。その後、二〇世紀初頭、国境をめぐってフランスとの間に軋轢が生じ、幾度かの協定締結を経た結果、現在の国境線が成立した。

スペイン領サハラは三方をモロッコ、アルジェリア、モーリタニアというフランスの植民地帝国に囲まれており、スペインは弱い立場にあった。加えて十九世紀末には植民地であったキューバ、フィリピンを失い、凋落の一途をたどっていたスペインは、スペイン領サハラの領土のほとんどが砂漠であったことも影響し、植民地支配をもっぱら漁業と交易のための海岸部に集中させることになった。そのため現地住民のサハラーウィは、スペインによる植民地化以降も、先祖代々暮らした砂漠で従来通りの遊牧生活を営み続けていた。

植民地支配への抵抗

十九世紀後半から二十世紀にかけて、北アフリカや西アフリカのあちこちで、フランス軍に対する地元住民の抵抗戦が起きていた。欧州列強にとって、ベルリン会議で手に入れた分け前を実際に植民地として支配できるか否かは、現地の抵抗を政治的、軍事的にどれだけ制圧できるかにかかっている。フランスは、北アフリカではすでにアルジェリアを支配下に置き（一八三〇年―）、モロッコとモーリタニアに着々と触手を伸ばしていた。一方、地元住民にとってみれば、植民地主義諸国が独断で引いた国境線は何の意味もなさない。ヨーロッパ勢力を追い払う戦いの舞台に境界線は存在せず、北アフリカの場合、人々の抵抗の戦いは、ヨーロッパ人の侵略からイスラームの地を守り抜く戦いだった。

フランスは現地住民の抵抗を殲滅することに成功し、一九〇四年、モーリタニアを植民地としてフランス領西アフリカに組み入れ、一九一二年にはモロッコを保護領とした。

このような時代にあって、スペイン領サハラの歴史にも反植民地支配の抵抗が刻まれている。中でも最も長く続いた抵抗戦は、マー・アル＝アイナイン（一九三〇／三一―一九一〇、現在のモーリタニア生まれ）が指揮し、彼の死後も息子ムハンマド・アル＝ヒバが継いだ戦いだ。マー・アル＝アイナインは宗教的指導力と政治・軍事的な才能で威光を放った人物で、緒戦でスペイン軍を圧し、次にモーリタニア北部やモロッコ南部を股にかけて対フランス軍の戦いを繰り広げた。その手腕は揺るぎなく、当時フランス軍の進攻を懸念していたモロッコのスルタンが、彼に武器を供給したほどだった。

マー・アル＝アイナインは、サギア・エル＝ハムラ地方のスマーラに、貴重な古文書を収めた書庫と聖都を築いたが、一九一四年にフランス軍が追跡権の下にスペイン領サハラに侵攻し、都は崩落した。破壊を免れた古文書の一部は、その後マリのトンブクトゥへ運ばれて保存され、現地の図書館に収蔵されている。

仏西軍事作戦と植民地支配の本格化

一九三六年、スペイン本国では市民戦争が勃発、三年間の内戦状態が続き、宗主国スペインには植民地政策に国力を注ぐような余裕はなかった。しかし、第二次世界大戦後、アフリカ諸国に独立の気運が昂まり、北アフリカのあちこちで解放運動が展開されるようになると、スペインも時代の波を乗り越えねばならなくなった。

実際、モロッコ南部からスペイン領サハラの内陸部にかけての一帯は、反植民地闘争のゲリラ闘士涵養の場となっていた。当時、ＦＬＮ（アルジェリア民族解放戦線）の武装闘争に手を焼いていたフランスは、これが独立間もないモロッコと独立直前のモーリタニアに飛び火することを懸念していた。そこでスペインとフランスは手を組み、民族解放戦線としてはまだ組織化されていないゲリラ勢力を掃討するために、一九五八年、モロッコ南部からスペイン領サハラ一帯で合同軍事作戦を展開する。この作戦はフランス側ではエクーヴィヨン作戦（フランス語で洗浄ブラシの意）、スペイン側ではテイデ作戦（カナリア諸島にあるスペイン最高峰の山の名）と呼ばれ、兵力一万四千人、軍用機百三〇機、軍用車両六百台を動員して、当一帯のゲリラに対する大規模な攻撃を行った。二週間をかけたこの作戦は、暫時的にではあるが、これら地域一帯を平定した。しかし、この攻撃を逃れて近隣諸国に渡ったサハラーウィのゲリラ闘士たちは十五年後、ポリサリオ戦線の結成で再登場することになる。

次にスペインは一九六一年、スペイン領サハラを海外県とする法規を設け、植民地でも本国と同一の政策をとり、住民代表を国会へ送り国政に参加させた。これは、サハラーウィ住民に対する懐柔策であると同時に、国際社会が要請する脱植民地化をうまく回避する方策でもあった。

それまでは西サハラに対して積極的な植民地政策を展開していなかったスペインが、なぜこの時期になって執着を示し出したのか、そこには理由があった。

一九四七年、スペイン領サハラの首府エル＝アイウン（アラビア語では「アル＝ウユーン」）に近いブークラーア村でリン鉱石が発見された。上質である上に埋蔵量も世界で一、二位を争うほどであることが確認され、スペインは是が非でも、自国植民地で発見されたこの資源の開発に乗り出したかった。そこで一九六二年にサハラ鉱物公社を設立し、六八年にはブクラア・リン鉱石会社（「ブクラア」はアラビア語の「ブークラーア」のスペイン語式表記）を創設、リン鉱石の採掘を開始した。ブークラーアと大西洋岸に位置するエル＝アイウンの間におよそ一〇〇キロメートルに及ぶベルトコンベアも敷設され、エル＝アイウンの港から船でリン鉱石の出荷が始まる。

旱魃とサハラーウィ社会の変容

一方この頃、二度にわたりスペイン領サハラを襲った大旱魃（一度目は一九六一年から六四年、二度目は一九六八年から七二年にかけて）によって、サハラーウィは伝統的生活形態の転換を余儀なくされていた。

それまでのサハラーウィは、大西洋岸で漁業を営む小さな氏族をのぞけば、ほとんどが先祖代々の遊牧を営んでいた。しかし旱魃によって家畜を失い、生活手段を奪われた人々は、砂漠を後にしてエル＝アイウンやスマーラをはじめとする町へと流れて行った。そこで土木や運搬業の労働者となったり、スペインの植民地行政の下級官吏となったりしたサハラーウィは、これらの町で定住生活を始める。折しも植民地支配者たちは、地中からリン鉱石を採掘し、これを市場へ送り出すために安い労働力を必要としていた。旱魃とリン鉱石開発という二つの出来事が時代的に重なって、サハラーウィの歴史で初めて定住化の波が生まれたのだった。これを機に、それまで比較的緩かったスペインの植民地支配政策は、他の植民地宗主国並みに強化されてゆくことになる。

ところで以前、サハラーウィの知人からある話を聞かされて驚いたことがある。確か一九六〇年にスマーラの町で生まれたこの人は、小さい頃、時々日本人に遊んでもらっていたという。その日本人は、スマーラに駐屯していたスペイン軍外人部隊の兵士だった。日本を出てフランコ政権下のスペインに渡り、そこで外人部隊に入ったのだろうか。六〇年代半ばか後半だろうから、スペインが本腰を入れて植民地政策に乗り出した時期だ。日本人が当時のスペイン領サハラにいたと知った途端、外人部隊を投入して西サハラの支配体制を強化するスペインと、片や日常風景が変貌していくサハラーウィ社会を間近に見た思いがした。

旱魃とサハラーウィのやむなき転身に関しては、現在スペインに暮らすサハラーウィ詩人バーヒヤ・マフムード・アワーフ（一九六〇年、西サハラ南部の村アウセルド生まれ）が故郷西サハラの暮らしを回顧した手記『木の板で読み書きを教えてくれた先生』[2]の中で、二度目の旱魃で一族の財産である大切なラクダを失った家族の姿を描いている。

一九七二年、家族がチーリスとゼンムール［それぞれ西サハラ南部と中部の地方名］の間を遊牧していた頃、前代未聞の旱魃が押し寄せた。そこでみな、南部の村、アウセルドへの帰路についたが、母の兄アラティだけは家畜の先頭に就きチーリス地方を移牧することになった。彼が牧草と水を求めてあちこち移動していたときのこと、有為転変のはげしい砂漠で

（2）同書の抄訳が、中東現代文学研究会編『中東現代文学選二〇一六』二〇一七年、に掲載されている。

はよく起きることだが、五頭のラクダが行方不明になった。その中には、あの伝説のラクダ、［一九五八年に仏西合同作戦の標的となった］ウマル伯父の逃亡を助けて帰還したアルマイもいた。

アラティは牧者として家畜のほとんどの世話をしながら、デジャル、すなわちラクダ探し人となって、迷子のラクダたちを探しに出た。その途上である日、自分のラクダたちの足跡と思われる跡を見つけ、これを辿ってガルブ・エルムーシャ谷へと降りて行った。はたして彼の目に映ったのは、旱魃のために息絶えた五頭のラクダの姿だった。アルマイ、ゲイリル、シュガアアル、エルハイナシュ、ブー・カフェインの体は永遠の安息についていた。アラティは、一族の不幸の場所へと近づき、自分のラクダから降り、一頭ずつ見て回って遊牧民の悲劇を確認した。ゲイリルだけが唯一、その長い首を自分の胸に凭《もた》れかけて息をしていた。だがその姿勢は最悪な健康状態を、致命的な結末が迫っていることを示すものだった。

もはや手の施しようのないことを確認し終わると、彼はそこから少し遠のき、悲しみのあまり両手で顔を覆ったが、流れる涙をおさえることができなかった。これは彼にとって遊牧民としての人生の終焉を意味していた。彼は死んだラクダたちに向かって告げた、末永く一族に残る言葉を。

おまえたちをもって私のラクダ遊牧は終わる、
おまえたちがその証人だ。

アラティは同日帰宅したが、完全に打ちのめされ、悲嘆にくれていた。そして今後の身の振り方について弟モハメド・ムールードに意見を求めた。その後アラティは都市部へ赴き、首都エル＝アイウンやスマーラで仕事を探し、心から愛した遊牧の人生に終止符を打ったのだった。(3)

サハラーウィ民族解放闘争のあけぼの――氏族から民族へ

こうしてサハラーウィ社会に定住化現象が起きると、事新しい社会では若い世代を中心に反植民地主義の民族意識が芽生えていく。一九六〇年代、アルジェリアをはじめとしたアフリカ諸国は次々に独立を遂げて行った。アジアではベトナム人民の戦い、パレスティナ解放運動があった。これらのニュースをラジオで聞き、サハラーウィもまた、スペイン植民地支配からの解放を求めてゆく。

このような気運の中で、スペイン当局が危険視する人物が現れる。カイロとダマスカスで

(3) Bahia Mahmud Awah, *La Maestra que me enseñó en una tabla de madera*, Sepha, 2011, pp.74-75

ジャーナリズムを学んだその青年、ムハンマド・バシーリー（一九四二年―一九七〇年?、モロッコ南部の町タンタン生まれ）は一九六六年、アル＝シハーブ（al-shihab 流星）という新聞をモロッコの首都、ラバトで発行、その後スペイン領サハラへ帰って地下組織を結成した。

一九七〇年六月十七日、エル＝アイウンのゼムラ地区に数千人が結集するデモが組織される。これに対しスペイン当局は武力で応じ、死者十数名と多くの負傷者、逮捕者が出た。バシーリーもこの日、逮捕され、その後の消息は今日に至るまで明らかにされていない。当局による拷問で、命を落としたのではないかと言われている。人々はこの日の出来事を「ゼムラの虐殺」と呼び、三年後のポリサリオ解放戦線誕生の先がけと位置づけている。こうして一九七〇年代初頭には、サハラーウィのアイデンティティは氏族から民族へと大きく飛躍していった。

一九七三年五月十日、当時、ラバトのムハンマド五世大学に在籍していたアル＝ワーリー・ムスタファー・サイエド（一九四八年―一九七六年、西サハラ北西部の村ビゥル・ラフルー生まれ）を中心に、モーリタニアのアイン・ベン＝ティーリーで西サハラの民族解放戦線が結成される。ポリサリオ戦線の誕生である。

十日後、武装闘争の火ぶたが切られた。七人編成のゲリラ・グループがスペイン軍駐屯地エル＝ハンガを襲撃した。その後ポリサリオ戦線は、一年余りの緒戦で数十ヵ所を襲撃し、そのほとんどが成功を収めた。ゲリラたちは夜間に徒歩で敵陣に向かって移動し、夜明けとともに奇襲をかける戦法をとっていた。武器調達は、リビアとアルジェリアからの援助もあったが、ポリサリオ戦線は攻撃時に敵の武器を奪うことに長けていて、ゲリラたちの手にはスペイン軍の武器がかなり渡っていた。この手腕はのちに、対モロッコ戦でも如何なく発揮されることになる。

ポリサリオ戦線は一九七三年の結成当時、志気の高い青年たちと、一九六八年の仏西合同作戦を逃れてモーリタニアに潜伏していた旧闘士たちからなる小規模な解放戦線でしかなかったが、やがてスペイン当局の目を掻い潜り、地下組織としてみるみるうちに支持層を拡大した。二年後の一九七五年五月、国連視察団が現地を訪問した際には、植民地当局の意表をついてポリサリオ戦線の圧倒的な大衆行動が展開され、視察団の目には疑いなく西サハラ住民を代表する組織として成長していた。

第三節　モロッコによる占領

サハラーウィの民族自決権を支持する国際社会

一九六〇年十二月、国連総会は決議一五一四号を採択した。これは別名「植民地独立付与宣言」と呼ばれ、アフリカの国々の脱植民地化を支持し、促進した。そして一九六五年、国連総会は「施政国スペインに対し植民地の解放を切に求める」決議二〇七二号を採択し、その後プレッシャーを強めていった。脱植民地化のプロセスをもはや回避できなくなったスペインは、一九七四年の前半にスペイン領サハラの人口調査を行い、七万三千四百九十七人と発表。八月には国連で、翌一九七五年の前半に住民投票を実施すると約束した。ところが、スペイン領サハラの脱植民地化プロセスの阻止を目論むモロッコは、国際司法裁判所に西サハラに対する領土権を主張して提訴し、モーリタニアもこれに続いた。

視察団を待つデモ参加者たちの写真
B.M.Awah の情報サイト *La realidad saharaui*
http://larealidadsaharaui.blogspot.com

この一九七五年という年は、サハラーウィにとって歴史的出来事が立て続けに起きた年だ。まず五月に、国連の非植民地化委員会が現地に視察団を派遣。視察団はスペイン領サハラに一週間滞在し、各地を訪問して、サハラーウィ名士、スペイン当局関係者、サハラーウィ労働者などと幅広く懇談した。ポリサリオ戦線の支持者たちは視察団が移動する先々でデモを組織して、解放と独立への希求を訴えた。

その前年、スペイン政府は御用サハラーウィ政党「サハラ国民連合党」ＰＵＮＳ（Partido de Unión Nacional Saharaui）を作っていた。ＰＵＮＳもこのとき示威行動を行ったが、視察団の目にはポリサリオ戦線の優勢は明らかだった。現地入りする前、視察団にとってポリサリオ戦線は小さなゲリラ組織でしかなかったが、滞在中いたるところで組織としての正統性と支持基盤の広さを目の当たりにしたのだった。

視察団は同年十月十五日に報告書を発表。西サハラ住民が独立を望んでおり、唯一の住民代表組織はポリサリオ戦線であると明記した。そして、この年の十二月以降、ポリサリオ戦線の代表は国連総会にオブザーバーとして参加できるようになる。

視察団が報告書を発表した翌日の十月十六日、ハーグ国際司法裁判所では諮問見解が発表された。本章の冒頭で述べたように、スペイン領サハラとモロッコおよびモーリタニアの間には、歴史上いかなる主権関係も存在しなかったことが明白にされた。それだけではなく、同裁判所は、一九六五年に国連総会が採択した決議二〇七二号の、西サハラ人民に対する民

族自決権を確認してその権利の行使を提唱した。(4)

緑の行進

十月十六日、国際司法裁判所が西サハラの歴史的な政治的自律性を発表したその日の午後六時半、モロッコ国王ハサン二世は国民に向かってテレビ演説を行った。演説は、あたかも国際司法裁判所がモロッコの主張を正当と認めたかのように、同裁判所の見解の内容を歪曲して伝えていた。続いて国王は、スペイン領サハラの「失地回復」を実現すべく、国民に「緑の行進」を呼びかけた。だが実際には、その舞台裏で、国際司法裁判所の見解が発表される一ヵ月ほど前からすでに、七百名の公務員がこの行進組織に向けて特別速習指導を受け、待機していた。モロッコは、自国の領土主張が国際司法の前では非力であることを熟知していたがゆえに、鳴り物入りの大行進を組織したのだった。モロッコ南部、スペイン領サハラとの国境から数キロのところに位置する町、タルファーヤに、行進参加者たちが続々と大型トラックで到着し、陸路、海路そして空路から食糧や宿営設備が運び込まれていた。

「緑の行進」の参加者たち。
スペインのバスク地方の人道援助 NGO, *euskal fondoa,*
http://www.euskalfondoa.org

翌十一月六日の夜明け、コーランとモロッコ国旗を手にした三十五万人の人々が、二万五千人の王国軍兵士に護られながら、一斉に砂漠地帯を南へと向かって歩き始めた。およそ三億ドルの費用をかけたこの官製平和デモは、たちまち海外のマスコミの注目を浴びた。それが国王ハサン二世の狙いだった。前代未聞の砂漠を行進する数十万人のデモ。モロッコがあたかも平和的手段を用いて領土「回復」を行っているかのようなスペクタクル映像は、国際司法裁判所の見解を片隅に追いやり、圧倒的に国際世論の耳目を集めた。三日間続いた巨大な砂漠の行進は、国王の目論みをまんまと成功へ導くことになる。

棄てられた植民地

ハサン二世の目論みの一つは、五日後に締結されるマドリッド協定だった。一九七五年十一月十四日、スペイン、モロッコ、モーリタニアの三国間で交わされたこの秘密協定により、スペイン領サハラは南北に二分されて、モロッコとモーリタニアに分割譲与された。

ここではスペインが前代未聞の平和行進を前に屈服し、協定締結の机に着いたかのようにみえるが、実際はその数ヵ月前からスペインは、政権内の親モロッコ派が分割譲渡計画の下に秘密交渉を進めていた。当時スペインではフランコ将軍が垂死の病床にあり、政権内部は、

（4）一九六五年以降、国連総会では毎年、西サハラ人民の民族自決権を確認する決議が採択されている。

親モロッコでスペイン領サハラの譲渡派と、国連の求める脱植民地化派に分裂していたのだ。スペイン領サハラの独立を支持していたのはスペイン軍部、とりわけ公私ともに現地のサハラーウィと交流のあった陸軍だった。

二つ目の目論みは、平和行進の裏側で行われていた、ポリサリオ戦線ゲリラに対する攻撃だ。モロッコ軍部隊は、西サハラのサギア・エル＝ハムラ地方にある村、ファルシーヤやハウザにすでに進軍していた。「緑の行進」と並行して、その陰に隠れて行われたこのモロッコ軍の侵攻を、サハラーウィは「黒の行進」と呼んでいる。

以来モロッコでは、「緑の行進」が始まった十一月六日は国民の祝日となり、毎年、国王がテレビ演説を行っている。モロッコ最大の都市カサブランカには「一九七五年十一月六日通り」と名のついた大通りもあって、「緑の行進」はモロッコの独立と肩を並べる国家イベントとして記念されている。

この時期の変転には、米国が関与していた。二〇〇九年に米国で機密解除された文書によって、世界が冷戦下にあったその時代、米国外交の舵をとっていたキッシンジャー国務長官が、当時政情不安だったモロッコ王国の安泰を優先して、ハサン二世の野心を叶えるべく、スペイン政府に対しプレッシャーをかけて分割譲渡の道を選ばせたことが分かっている。

急転した状況に呑み込まれたサハラーウィの大半は、北と南から侵攻してくるモロッコ軍とモーリタニア軍を逃れ、ポリサリオ戦線に導かれて、隣国アルジェリアが提供した土地へと避難した。彼らはやがてそこに難民キャンプを建設してゆくことになるのだが、避難当時は誰もがじきに故郷に戻ることができると信じていた。

かたや侵攻してくる隣国の軍を前に逃げそこない、あるいは諸々の理由から現地に留まった人々もいた。西サハラの人民はこの時点で二つに切り離されてしまったのだった。四〇年以上がたつ現在に至るまで、大勢の家族がモロッコ占領下の西サハラとアルジェリアの難民キャンプに引き裂かれたままになっている。

西サハラ人民には、自分たちの将来を自らの意志で選ぶ権利があることが、一九六五年の国連決議、そして一九七五年のハーグ司法裁判所の見解によって法的に確認されていた。また、ポリサリオ戦線が西サハラ人民の唯一の代表組織であることも国連視察団により事実上、確認されていた。しかし、サハラーウィの民族自決権など眼中にないモロッコ国王は、アメリカやフランスなど諸外国の後ろ盾を得て、王国が生き延びるための政治的、経済的意図で西サハラを占領支配した。西サハラ問題をめぐってこのとき生まれた「国際正義VS占領支配」という構図は、その後四十年以上経てもなお、拮抗する力の構図として存在し続けることになる。

第二章　戦火の十六年と裏切られた和平

隣国、モロッコとモーリタニアによる侵攻と占領を逃れ、アルジェリアに渡ったサハラーウィは、砂漠に難民キャンプを建設する。難民でありながら、難民の身に留まらず、サハラーウィは寸暇も惜しむように未来へ向かって歩を進める。難民キャンプを一つの社会として組織し、建国宣言を通して世界に国家として自らの存在を訴えながら、将来の独立国家のひな型を作り始めたのだった。そんなサハラーウィ社会に一時期、捕虜となったモロッコ兵士の姿も混じったことがある。モロッコが西サハラに建設した壁は、サハラーウィを分断したのみならず、自国民も切り棄てていたのだ。

やがて一九九一年、国連は和平案そして停戦を成立させ、西サハラ人民に対し、民族自決権の下に自分たちの将来を自ら選択できる日を約束する。ところが、策略家のモロッコ国王は、国連和平案の開始早々から別個の筋書きを添えていく。住民投票に向けた国連ＰＫＯの任務作業はことごとく妨害され、やがて和平案は暗礁に乗り上げてしまう。それでも国連は、西サハラ紛争に解決をもたらそうと努力を続けていく。国連事務総長により任命された個人特使たちが尽力し、サハラーウィの胸に再び希望が宿ることもあった。

本章では、一九七五年のモロッコ・モーリタニアによる西サハラ占領から、国連による和平案の頓挫を経て、紛争解決への模索が続く四十余年を概観する。

第一節　分断された西サハラ人民

侵攻を逃れて

一九七五年十一月、北からはモロッコ軍、南からはモーリタニア軍の侵攻を受けたサハラーウィは、ポリサリオ戦線に導かれ、アルジェリアが提供した土地へ向かって避難した。アルジェリア南西部の町チンドゥーフから南西へ三十キロメートルほど下ったところ、スペイン領サハラとの国境に近い、ハンマーダと呼ばれる荒涼とした土漠地帯だ。気候が非常に厳しく、「砂漠の中の砂漠」と呼ばれる一帯で、冬、日中の気温は穏やかでも、夜間は零度前後にまで下がることがある。夏の最高気温は50度に達する。

占領を逃れたサハラーウィはトラックで、あるいは徒歩で、アルジェリアの難民キャンプを目指した。サハラーウィ難民は、戦火を逃れて避難したという意味では「難民」だが、同時に、占領を拒否して自ら主体的に難民キャンプへの道を選んだ者たちでもある。

避難の途上でモロッコ空軍の爆撃を受けて命を落とす者や、負傷して命からがらキャンプへ辿り着く者もいた。一九七六年初頭にモロッコ軍の攻撃を受けた西サハラ中部のウンム＝ドライガ村では、国際人道法上の観点から「規制が議論されている兵器」とされるナパーム弾と白リン弾が使用されていたことが後に判明している。

こんな苦境の只中からこのとき、サハラーウィのあいだで一つの唄が生まれている。南部リオ・デ・オロ地方の港町ダーフラを出た避難民たちの中に、ある家族がいた。母親が詩人だった。辛い道のりを歩き通して野営した夜、彼女は一篇の歌詞を作った。そして日頃から歌うことの好きな十五歳の娘が、それに節をつけて唄にした。娘が歌詞を口ずさむと、人々は手拍子を打ち、打楽器のように箱や器を叩き、心を一つにして夜を過ごした。こうして一行が難民キャンプに到着すると、この唄はあっと言う間にサハラーウィのあいだに広まっていった。「サハラは売り物じゃない」と題されたこの唄は、やがて親から子へと唄い継がれ、世代を越えて、今も唄われ続けている。

サハラは、ねえ皆さん、売り物じゃない　／　この大地の緑が　私を誇り高くしてくれる　／　素朴な遊牧民の目には　／　牧草が輝かしく映るように　あんた方はリン鉱石を欲しがる　／　だけど今にとんでもないことになる　／　たとえ売りに出たとしても　／　買うこともできはしない
そう私は難民　／　ダーフラを　アグエニットを　レクラアを　後にして徒歩でゆく(1)

難民キャンプ社会

当時の西サハラでは、前章で述べたように二度にわたる大旱魃の影響で定住が始まってはいたが、サハラーウィの伝統的生活形態は依然、組織化されたテント集団によるものだった。侵攻を受け、故郷を占領され、故郷に留まった同胞と引き裂かれるという難民の悲劇を背負いつつも、サハラーウィは「砂漠の中の砂漠」で、難民キャンプの建設と難民社会の組織化を着実に進めていった。四十年以上も前のことだ。彼らは、一方で解放闘争という死と向かい合わせの戦いを生きながら、もう一方で自分たちの社会を仮初めの地で建設し始めた。サ

ハラーウィにとって敵はモロッコ軍とモーリタニア軍だけではなかった。ひとつの人民として生き延びるために、ハンマーダ特有の苛酷な自然条件にも立ち向かっていかねばならなかった。

男たちは戦闘員として前線に就いていたため、難民キャンプの建設と難民社会の組織化を担ったのは女たちだ。サハラーウィ遊牧社会の中で先祖から引き継がれてきたトゥイサ（共同作業）の精神が、ここでも発揮された。時とともに、難民キャンプの規模は次第に拡大してゆき、家屋には、アラビア語で「ハイマ」と呼ばれるテントの他に、酷暑と酷寒をしのぐため、日干しレンガ造りの小屋も建てられていった。

けれども地球温暖化がもたらす異常気象はこの一帯にも影響を及ぼし、最近は豪雨による水害に見舞われ、家屋が破壊されるということがしばしば起きている。もはやハイマや日干しレンガでは最低限の住居も保証されなくなった今日、部分的にセメントを用いた建造物が旧来のハイマにとって代わられている。セメントを部分的に用いて工費を抑え、かつ被害を最小限に食い止める建物だ。

（1）アグエニットは西サハラ南部の内陸の村、レクラアは北部の村。サハラーウィが難民となって西サハラ全域から出ていくようすが歌詞に反映している。

チンドゥーフにある難民キャンプ風景。1998年4月、著者撮影。当時はテントと日干しレンガの小屋が主流だった。

この建造物に関してだが、二〇一七年、内戦のためにレバノンで避難生活を送って数年経つシリア人難民たちが、自分たちの住まいがテントからバラックに変わると聞いて、強い反対の声を上げたというニュースがあった。彼らにとってバラックの住まいは定住化を暗示し、祖国への復帰を諦めさせられるという危機感が湧いたのだ。私はこれを知った時、サハラーウィ難民キャンプでは、住まいの変遷をめぐって動揺は起きなかったことに逆に気付かされた。国連難民高等弁務官事務所ＵＮＨＣＲ（United Nations High Commissioner for Refugees）から配給されたテントは、「砂漠の中の砂漠」で暮らすには耐性に欠ける。するとサハラーウィは自分たちで日干しレンガを作り、ハイマの横に小屋を建てる。その小屋も温暖化のもたらす雨には崩れ落ちてしまうと、今度はセメントを用いて雨対策をする。占領と闘うために、敢えて「難民」となることを選択したサハラーウィにとって、問題は、祖国解放の日まで、いかにして難民生活を生き抜くかにあるのだろう。難民として主体的に生き抜くこと、それが占領者に対する抵抗の闘いになっているのだ。

二〇一八年現在、アルジェリアのサハラーウィの難民キャンプには、およそ十七万三千六百人の人々が暮らしている（二〇一八年三月ＵＮＨＣＲ発表）。キャンプは、五つの大きなキャンプ集合体に分かれている。この集合体はアラビア語で「ウィラーヤ」と呼ばれ、州あるいは県を意味する。ウィラーヤには、現在モロッコに占領されている西サハラの都市や町の名が付けられ、それぞれエル＝アイウン、スマーラ、ブージュドゥール、アウセルド、ダーフラと呼ばれる。最初の四つのウィラーヤがおよそ二十から六十キロメートル間隔で位置し、ダーフラだけは二百キロメートルほど離れたところにある。各ウィラーヤが数十キロも離れているのは、まず給水地点がウィラーヤの設置を決める条件になっているためだ。ハンマーダ

ハイマの外観。スマーラ・ウィラーヤ。2017年10月、著者撮影。

ハイマ内部の団らん風景。ブージュドゥール・ウィラーヤ。
2019年3月、岩崎有一氏撮影。

豪雨で倒壊した建物。日干しレンガは水に弱く、まとまった雨が降ると容易に崩壊する。スマーラ・ウィラーヤ。2017年10月、著者撮影。

と呼ばれるこの一帯では、地下水を利用できる地点が少ない。次に、万一、モロッコからの襲撃あるいは伝染病や火災が発生した際に、被害を最小限に食い止めるための配慮が背景にある。

各ウィラーヤは、市あるいは区に相当するダーイラと呼ばれる六つないし七つの区域に区分される。ダーイラにも西サハラの地名がついている。一つのダーイラはおよそ五十から百基のハイマで形成され、それぞれのハイマには女主人の名がつけられて、「ファートゥマのハイマ」「セルカのハイマ」といったように呼ばれている。

各ダーイラには、教育、保健、司法、物資配給、工芸の委員会が設けられ、難民キャンプの住民たちはみな、いずれかの委員会に属して活動している。教育委員会は児童の就学、保健委員会は衛生管理や病人・高齢者の世話、司法委員会は結婚や離婚、家庭内争議の調停、生産委員会は民芸品の製作や実験農園の作物栽培、配給委員会は外国から届く援助物資の配給作業に携わる。

スマーラ・ウィラーヤのマフベス・ダーイラの幼稚園。2017 年 10 月、著者撮影。

教育施設はダーイラごとに、三才から通う幼稚園と、六才から十二才までの小学校がある。十三才から十七才までの中高等学校は、難民キャンプ全体で一校だけだ。他に職業訓練養成校があり、裁縫、機械修理、理髪、農業、建築の分野が設けられている。中学生以上の年齢の生徒は、以前はキューバ、リビア、アルジェリアで勉強していたが、現在はほとんどがアルジェリアだ。キューバは難民キャンプ誕生のころから、教育分野で多大な支援の手を差し伸べた国だ。一九八六年まで、二、三年おきに毎回三百人以上の子供たちが船でキューバへ向かい、高校や大学で教育を受けていた[(2)]。しかし、その後はキューバの経済事情や、サハラーウィ親子が十年近くものあいだ再会できないなど

（2）ニコラス・ムニョス監督のドキュメンタリー映画『サハラーウィの先生』（Nicolas Muños, *El Maestro Saharaui*, 2011）が、このキューバ留学生たちを主人公に、サハラーウィの苦難を描いている。

の条件がネックとなって、留学先はアルジェリアやスペインをはじめとしたヨーロッパ諸国になってきている。

医療施設は、各ダーイラに診療所、各ウィラーヤに病院があり、難民キャンプ全体レベルで手術設備を備えた総合病院が二つある。

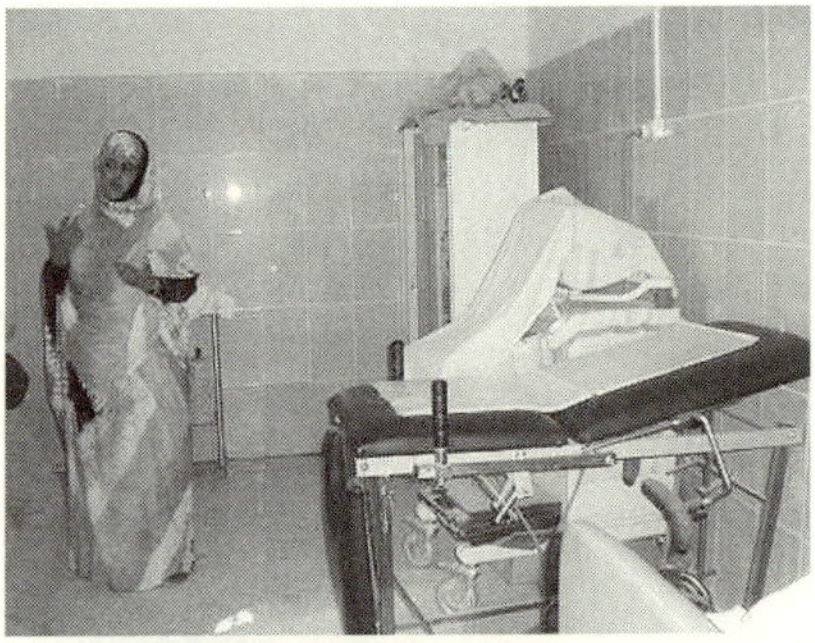

婦人科診療所。寝台横の器機はスペインの医療支援チームが届けたエコグラフィー機。スマーラ・ウィヤーラ。2017年10月、著者撮影。

食糧配給風景。運び手や車を待つ住民たち。2017年10月、著者撮影。

サハラーウィ難民の生活は、基本的にUNHCRやヨーロッパ連合（EU）、そして諸外国のNGOが届ける救援物資に支えられている。物資の受け皿となる組織はサハラーウィ赤新月社（イスラーム世界における「赤十字社」に相当する機関）で、二〇一一年に発表された成人一人当たりの一月の食糧受給量は次のような内容だった。

レンズ豆½キロ、インゲン豆½キロ、ひよこ豆1キロ、米2キロ、小麦粉10キロ、油1

リットル、砂糖1キロ、魚缶詰1キロ、茶200グラム、イースト200グラム、ジャガイモ1キロ、玉ネギ1キロ、ニンジン1キロ、季節の果物1キロ

受給量は決して充分ではない。また救援物資の到着が滞ることもあるため、サハラーウィ赤新月社は調整しながらストックを作っている。このストックが底をつきそうになって、「緊急援助要請」の赤新月社コミュニケが発せられることも何度かあった。一九八〇と九〇年代には、子供たちの栄養失調や栄養不良が深刻な問題になったことがある。

難民キャンプが生まれて五、六年経った頃、サハラーウィはＵＮＨＣＲに養鶏場の設置を願い出た。養鶏場の注文はＵＮＨＣＲにとって前例がなく初の試みだったが、数年後に実現し、一日におよそ二万個の卵が生産される養鶏場が砂漠に現われた。また、各ウィラー

実験農場。作物は人参、かぶ、トマト、ピーマンなど。
2007年4月、著者撮影。

ヤには実験農場がある。ここで収穫される野菜類はまず医療保健施設に運ばれる。病人、栄養失調児、妊産婦を優先した地産地消のシステムだ。

サハラーウィ難民キャンプには、初期の頃、金銭の流通はなかった。しかし、年月を経るにつれて、かつてスペイン植民地時代に軍や役所で働いた人たちにスペイン政府の年金が届き始め、やがて商いを営む人々も出現し、今では小規模ながらも様々な経済活動が営まれるようになっている。

サハラ・アラブ民主共和国の樹立

一九七六年二月二十六日、モロッコ軍とモーリタニア軍が侵攻してくる中で、スペイン領サハラに最後まで残っていたスペイン軍部隊が撤退した。そしてその翌日の二月二十七日、ポリサリオ戦線のコントロール下にあるビゥル・ラフルー村でサハラ・アラブ民主共和国RASD（República Árabe Saharaui Democrática）の建国が宣言された。翌日、マダガスカルがこれを承認。その後ブルンディ、アルジェリア、ベニン、アンゴラ……と承認国が増え、最高時には八十二ヵ国に上ったが、モロッコからの圧力の下に、取り消しと保留が出て、現在は四十七ヵ国にとどまる。RASDの国旗は、パレスティナの国旗と同じ黒、白、緑、赤の地に、星と三日月が中央部分に描かれている。黒は植民地主義と抑圧、白は希望、緑は豊潤、赤は殉難者の血を意味し、国が解放されるまでは黒の部分が上になるように掲揚され、解放された暁には緑が上に来ることになっている。

一九八四年、ＲＡＳＤは当時のアフリカ統一機構ＯＡＵ（Organisation of African Unity 現在のアフリカ連合）に正式加盟した。これを不満としたモロッコは機構を脱会。以後、モロッコは二〇一七年一月にアフリカ連合に加盟するまで、アフリカ世界の組織から遠ざかることになる。

第二節　ポリサリオ人民解放軍

砂の壁

ポリサリオ戦線の解放軍は、武器や兵力の規模では敵軍より劣っていたが、先祖代々から伝わる自分たちの土地に対する知識や感覚を駆使して、敵も顔負けのゲリラ戦を展開した。やがて戦争に疲弊したモーリタニアが一九七九年に撤退し、占領軍はモロッコだけとなった（モーリタニアはその後、一九八四年にＲＡＳＤを承認する）。

ポリサリオ戦線解放軍による都市襲撃に悩まされたモロッコは、一九八二年、エル＝アイウン、スマーラ、そしてリン鉱石産地のブークラーアを囲い込む砂の壁を建設した。この防壁を発案したのは、現地を訪れたイスラエル軍高官だ(3)。しかしゲリラ攻撃による被害は止まず、その後攻撃を受ける度に、モロッコは第二、第三の壁を増築し、一九八七年には第五の壁が建設された。(巻頭の地図参照)

砂と石で作られた第五の壁は高さが二・五メートルほどで、幅二メートル、全長は二千七百キロメートルに及び、中国の万里の長城に次ぐ長さだ。壁の外側には対人、対戦車の地雷原が広がり、内側には最新レーダーを備えた十万人の兵士が常駐し、壁の維持費は一日二百万ユーロ(約二億六千万円)に上る。

壁は西サハラの領土の80パーセントを囲い込んでいるが、なによりも、この壁によってモロッコは、西サハラにおける大西洋の海岸線のほぼ全域を掌中に収めることができた。第五の壁の建設目的は、ポリサリオ戦線解放軍の海上コントロールを不可能にし、西サハラ海域をモロッコのコントロール下に置くことだった。

西サハラ領海は、世界屈指の漁場だ。この海域を自国の支配下におけば、諸外国と漁業協定を結んで大きな利益を得ることができる。また占領国の立場としては、それら取引協定を通じた既成事実を積み重ねて行くことで、諸外国に西サハラをモロッコ領として承認させたいという意図もある。

第五の壁の建設以前は、モロッコ軍は空軍を動員して大きな戦闘を繰り広げていた。一方ポリサリオ戦線解放軍は奇襲攻撃でモロッコ軍の武器や戦車を奪い、多くの捕虜を陣地に連れ帰っていた。第五の壁建設の後は、ポリサリオ戦線は「消耗戦」と呼ばれる作戦に切り替えた。これは壁に沿ったあちこちの地点から、カチューシャ砲を壁の向こう側に飛ばしてモロッコ陣営を絶えまない緊張状態におき、動きが鈍くなってきたところを狙い突く作戦だ。解放軍は地雷を取り除いて壁を突破し、戦闘を交え、ここでも多数のモロッコ兵士がポリサリオ戦線の捕虜となった。

緒戦のころ、モーリタニアとモロッコの軍を相手に戦うポリサリオ戦線に対し、海外では、この紛争は間もなく軍事的に決着がつくだろうという見方が圧倒的だった。フランス軍がモーリタニア軍を後援し、戦闘機ジャガーが西サハラ上空を飛んだこともあった。ところがポリサリオ戦線は善戦した。疲弊したモーリタニアは戦線離脱し、和平協定を結ぶ。その後もポリサリオ戦線はモロッコと互角に対峙し続け、国連が和平案を作成して停戦になるまで、戦いは十六年続いた。兵力では、モロッコ王国軍十万人の兵士に対しポリサリオ戦線解放軍

（3）現在では周知の事実となっているが、参考のために、イスラエルのデジタルメディア自らがこれに言及した記事として以下がある。Claudine Douillet, 'Le mur des sables marocain, oeuvre d'Israël et des États-Unis', *Alliance*. 30/01/2007.

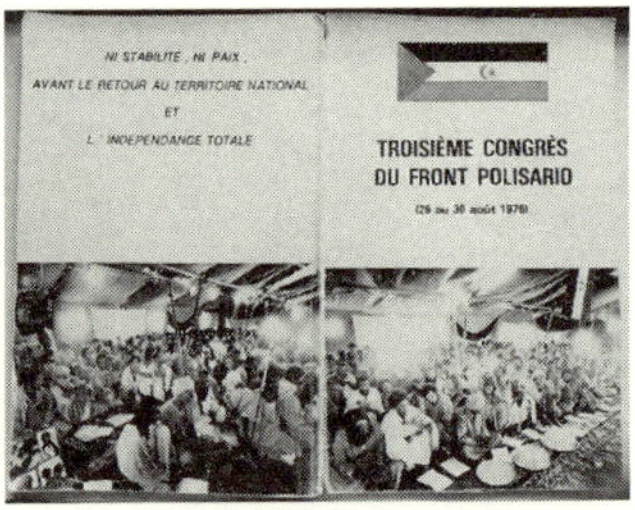

1976年8月 ポリサリオ戦線
第三回大会の記録冊子

は二万人の戦闘員だ。兵器に関しては言うに及ばない。当時、戦局を伝える海外のニュース記事に、ポリサリオ戦線の戦闘力に関して「精神的」という語がしばしば使われていた。自分たちの大地を守り、解放する意思に貫かれたサハラーウィは強靭だ。「茶を飲むだけで、数日間に渡って戦闘を展開できる」と評する声もあった。

　しかし当然ながら、ポリサリオ戦線解放軍にも死傷者の犠牲は出る。悲報は難民キャンプに暮らす家族や仲間たちにとって、歯を食いしばり乗り越えねばならない現実だ。命を落とした戦闘員は「殉難者《シャヒード》」とされる。もし殉難者の妻がその時に身ごもっていれば、生まれてくる子には父親の名が付けられた。

　ポリサリオ戦線は「産めよ、増やせよ」の掛け声を大にし、寡婦が増えるなか、妻の合意を得るという条件の下に一夫二妻制を認めた。実際には合意する女性が少なく、離婚と再婚が増えていった。ただ離婚と再婚に関しては、そもそもサハラーウィの伝統的社会には、他の北アフリカ諸国と異なり、離婚女性に対する社会的偏見が全くない。数字を目にしたことはないが、これまで出会った女性たちの中に再婚者が少なくなかったことから察すれば、難民キャンプにおける再婚女性の率はかなり高いに違いない。

私は第五の壁が建設されて一年後の一九八八年に、日本のテレビ班と前線へ行き、解放区で数日過ごしたことがある。解放区とは西サハラの領土の、第五の壁の東側に位置する、モロッコの占領を受けていない地域だ。一九九一年の停戦前は、一定の地域をごく少数の遊牧民が家畜を連れて暮らせただけで、ほとんどは戦闘員の就く地域だった。一九九一年に国連の仲介により停戦が発効した後は、難民キャンプからやって来るサハラーウィたちの姿も次第に見受けられるようになる。

解放区のポリサリオ戦闘員。1988 年 10 月、著者撮影。

前述の「消耗戦」が行われた前線というのは、解放区の中で壁に近い地点になる。前線では、敵陣からこちらを察知されないように、昼間は反射するサングラスの着用が、夜間は火や灯りの使用が禁じられている。そのためポリサリオ解放軍の戦闘員たちは、夜間でもヘッドライトをつけずにジープを走らせる。轍も見えず、星空の羅針盤だけが方角を指してくれる区域で、車でも徒歩でも、戦闘員たちはまるで闇の中を行く動物のように軽やかに移動する。

第五の壁の建設は、西サハラの領土だけではなく、その主たる人民を決定的に分離してしまった。それ以前はポリサリオ戦線解放軍がモロッコ軍の占領する村に襲撃をかけて、村人を解放し、難民キャンプへ避難させることもできた。ところがこの分離壁によって、西サハラ人民は祖国解放の日まで引き裂かれてしまったのだ。故郷を出て、難民キャンプに暮らすサハラーウィにとって、胸に刻んだ思い出が「壁の向こう側」にあるという現実はやるせない痛みだ。前掲のバーヒヤ・マフムード・アワーフの『木の板で読み書きを教えてくれた先生』に、そんな思いに満ちた下りがある。

著者のアワーフが、病身の母親を昔の思い出話で元気づけようとして、今もし、お気に入りのラクダをつれて自分のハイマを建てるとしたら何処がいいかを尋ねる。母親は迷うことなく、かつて天幕を張ったことのある地、ガルブ・アシャライを挙げ、しかしすかさず「それは壁の向こうになってしまっただろうか」と息子に問いかける。著者にはそれが分からなかったため、ガルブ・アシャライに捧げる詩を詠んだ詩人に尋ねてみると母親に約束する。「その後、この山が占領地域に入っていることを母に伝えねばならなかった。胸が張り裂けそうな現実だった。サハラーウィにとってチーリスの山が、ガルブ・アシャライとその砂丘が何であるか、占領者たちには分かりはしない。[4]」

棄民

一九七五年の占領から一九九一年の国連による停戦までの、十六年間に及ぶモロッコ・ポリサリオ戦線間の戦闘で、ポリサリオ戦線の手に渡ったモロッコ兵士の捕虜は最多時には二千百人に上った。その中には撃ち落とされた戦闘機のパイロットたちもいた。捕虜たちは砂の壁の東側、つまり西サハラの「解放区」と呼ばれる地域にある捕虜収容所に入れられ、国際赤十字社が視察訪問を行っていた。

私はかつてパリに住んでいた頃、ポリサリオ戦線の在仏代表部事務所の仕事を手伝っていたことがあるのだが、作業の一つに、モロッコ宛の封書の宛名書きがあった。序章でも触れたように、モロッコ兵士が家族に宛てた手紙をパリで封筒に入れ、宛先住所を記入して投函するというもので、当時は他言無用とされていた。

捕虜兵士には、サハラーウィ赤新月社のレターヘッド付き便箋一枚が配られる。手紙は、パリを経由して外国へ赴くサハラーウィ外交官たちのトランクに詰められ、毎回、二百通ほど

（4）Bahia Mahmud Awah. *La Maestra que me enseñó en una tabla de madera*, sepha 2011, pp25-26.

の便箋の束となって事務所に運ばれて来る。手紙はアラビア語あるいはフランス語で書かれているが、同じ筆跡の手紙がたくさんある。字の書けない兵士のために、仲間が代筆してくれていたのだろう。便箋の上の隅には宛先住所が記されており、ポリサリオ戦線代表部事務所ではそれを封筒に書き写し、便箋の下隅にはパリのとある住所を書き入れて封筒に入れる。投函はできるだけ少量ずつに分け、決して同時にまとめて発送しない。こうしてモロッコの家族の手元には、まるでパリの家族か知人が宛てたような封書が届く。便りを受け取った家族は、便箋に記されたパリの住所へ返事を書く。時には小包が送られてくることもある。届いた郵便物は、今度はパリからチンドゥーフの難民キャンプへ行くサハラーウィのトランクで運ばれるという仕組みだ。

捕虜と家族間の文通が秘密裡に行われていたのは、たとえ相手が身内でも、ポリサリオ戦線のところにいる人間と連絡を交わしていることがモロッコ当局に知れると、一体どのような仕打ちや嫌がらせが、モロッコで暮らす彼らの家族に降りかかるか分からないからだ。それに当時、モロッコのハサン二世国王は「サハラに戦争はなく、従って戦争捕虜も存在しない」と公言していた。国王の言動を否定するような行為はご法度の国だ。ポリサリオ戦線側としては細心の注意を払っていたが、ヨーロッパのあちこちに工作員を送っているモロッコのこと、こんな郵便物の存在などはとっくに把握済みだったかもしれない。この文通が半ば公になったのは、一九八九年のある出来事からだった。

この年の五月、ポリサリオ戦線は二百名の捕虜を無条件で解放すると発表した。高齢者や健康上の問題を抱えたモロッコ兵士の名前が記載されたリストが、国際赤十字社に手渡された。赤十字社は早速、この二百名の祖国帰還に向けてチャーター機などの準備にとりかかった。ところが如何せん、肝心のモロッコ側からは何の反応も届かず、モロッコ兵士たちにとって今まで以上に耐え難い日々が始まった。外国の報道陣インタヴューに応じた兵士たちは、長かった捕虜生活について、食事や運動そして何よりも心の支えとなった家族からの手紙のことを異口同音に語った。翌月の二十日、ようやくモロッコ国王からの返答が発表された。それは兵士の帰還に「否」を突き付けるものだった。当時、国連安全保障理事会では、デクエヤル事務総長がモロッコとポリサリオの和平に向けた草案を編んでいたのだが、ハサン二世国王は、「この解放は、国連の和平案には記されていない」という理由で、モロッコ人捕虜の祖国帰還を拒否したのだった。

国王に祖国帰還を拒まれた元捕虜たち。
1991年11月、Jean-Marie Quintard氏撮影。

ハサン二世は従来、国連決議の遵守云々とはおよそ縁遠い国王である。実際、デクエヤル国連事務総長もこの解放を歓迎していた。さらに不可解なことには、ポリサリオ戦線による捕虜の解放はこれが二度目で、前回は国王からの拒否はなかったのだ。それは五年前の一九八四年のことだった。解放された十名のモロッコ兵士は国際赤十字社の責任者に付き添われてジュネーヴに着き、そこで待機していたモロッコ航空の飛行機に乗り換え、ラバトに無事到着している。この時、ポリサリオ戦線と国際赤十字社は、モロッコ軍の手中にあるサハラーウィ戦闘員捕虜に対するモロッコ側の措置を待ったが、一言の言葉も得られなかった。

当時のモロッコの世論には、この戦争は分離主義者（ポリサリオ戦線を指す）を使ってアルジェリアが仕掛けたものだというプロパガンダが浸透していた。国王の演説にはしばしば、「忠実なる臣民よ」という前時代的な言句が挟まれるが、自分の国から帰還を拒否された二百名のモロッコ兵士たちは、「モロッコを侵略しようとする外国に対し戦う」ために前線へ送られ、使い捨てられた「臣民」だったのだ。

その中の一人で一九七九年に捕虜となったハサン・アル＝ハビーブさんは外国記者団にこう呟いた。「私たちは堕落した大義に巻き込まれたのです。その使命はもう果たしました。それなのにどうしてこんな仕打ちを受けねばならないのでしょう。」

モロッコ兵士たちはヨーロッパ各国の元首に、モロッコ政府への調停を請願する手紙を送った。ポリサリオ戦線も国際人権組織などに働きかけた。それでも国王は、自分の臣民に対して門戸を開かなかった。ポリサリオ戦線により一旦解放された以上、これらの兵士たちはもはや捕虜ではない。かといって帰国もできず、宙に浮いたままの立場の彼らは、難民キャンプにドーム型の仮住まいを建てた。食糧や衣類はサハラーウィ難民と同じように配給を受け、なかには力仕事をして小遣い銭を稼ぐ兵士もいた。結局、祖国帰還が実現するまで、これら元捕虜たちはさらに六年もの歳月をサハラーウィの難民キャンプで暮らすことになる。

ポリサリオ戦線は一九八九年以降、毎回、百名から数百名の捕虜を第三国の仲介を経てモロッコへ帰還させていたが、二〇〇五年八月に最後の四百四名を国際赤十字の手に託して全員を解放し終えた。最後のグループは、米国が提供した二機の航空機でモロッコのアガディールに到着。この日の出来事を、父ハサン二世を継いで一九九九年に国王となったムハンマド六世は「国際的プレッシャーのおかげで捕虜が解放された」とコメントした。西サハラ解放闘争史上、ポリサリオ戦線が国際的プレッシャーで捕虜解放に踏み切ったことなど一度もないことは、国際赤十字社がよく知るところだ。

第三節　約束された民族自決権の行使

戦火に終止符

今は難民キャンプに暮らすある知人は、一九八九年、モロッコ当局の弾圧が続く西サハラの占領地を逃れて、徒歩で国境を越え、アルジェリア南西部の難民キャンプに辿り着いた。ところが命がけの脱出に成功したこの青年を、難民キャンプの仲間たちは「よりにもよって、ここでは誰もが荷物をまとめて、国に帰る準備をしている時に……」と笑って迎えたそうだ。実は一九八八年から、デクエヤル国連事務総長が西サハラの和平に向けて動き出していたのだが、モロッコが情報統制する占領地で、おまけにモロッコ当局の目を逃れて潜伏していたこのサハラーウィには、そんな情報はまったく届いていなかったのだ。

当初、デクエヤル国連事務総長は、西サハラ紛争解決の糸口を見つけるために、モロッコとポリサリオ戦線の両者が参加する会議開催の可能性を探ったが、モロッコの頑なな拒否に遭い実現できなかった。そこで、事務総長自身がポリサリオ戦線とモロッコの間に入り、間接交渉を進めた結果、一九九一年、当事者双方が住民投票のためのロードマップに合意した。この和平案の骨子は、住民投票では「独立かモロッコ帰属か」を問うことと、有権者リストは一九七四年にスペインが行った人口調査をベースに作成することだった。

この合意に先立ち一九八九年、モロッコ国王は、一方で国連主導の当事者会議は拒否したものの、個人的イニシアチヴでポリサリオ戦線代表団をモロッコに招き、マラケシュで会談を行った。そこで国王がポリサリオ戦線に提案したのは、第三の道、つまり自治あるいは連邦制による解決策だった。ポリサリオ戦線側は住民の意思を問う民族自決権の行使が守られないとして、これを拒んだ。

こうした経緯を経て一九九一年四月二九日、国連安全保障理事会は決議六九〇号を採択し、西サハラで民族自決権のための住民投票を組織すると決定した。ついに国際社会が西サハラ人民に、自分たちの将来を自らで決める日がくることを約束したのだ。西サハラに派遣された国連平和維持軍（ＰＫＯ）は、「西サハラ住民投票のための国連派遣団」ＭＩＮＵＲＳＯ（Misión de las Naciones Unidas para el Referéndum del Sahara Occidental）という。その名の通り、西サハラ住民に住民投票を組織することを任務として派遣されるＰＫＯだ。

国連事務総長が作成した日程予定では、同年九月六日に停戦の後、国際赤十字社の庇護の下に捕虜交換、モロッコ占領下の政治犯解放、ＵＮＨＣＲによる難民の本国帰還、投票キャンペーン、そして翌一九九二年一月末に住民投票という段取りだった。

ポリサリオ戦線は六月に第八回大会を開催し、第五回大会以来唱えられつづけていたスローガン「全祖国さもなければ死」が、この日「決戦勝利に向け、全人民のエネルギーを結集」

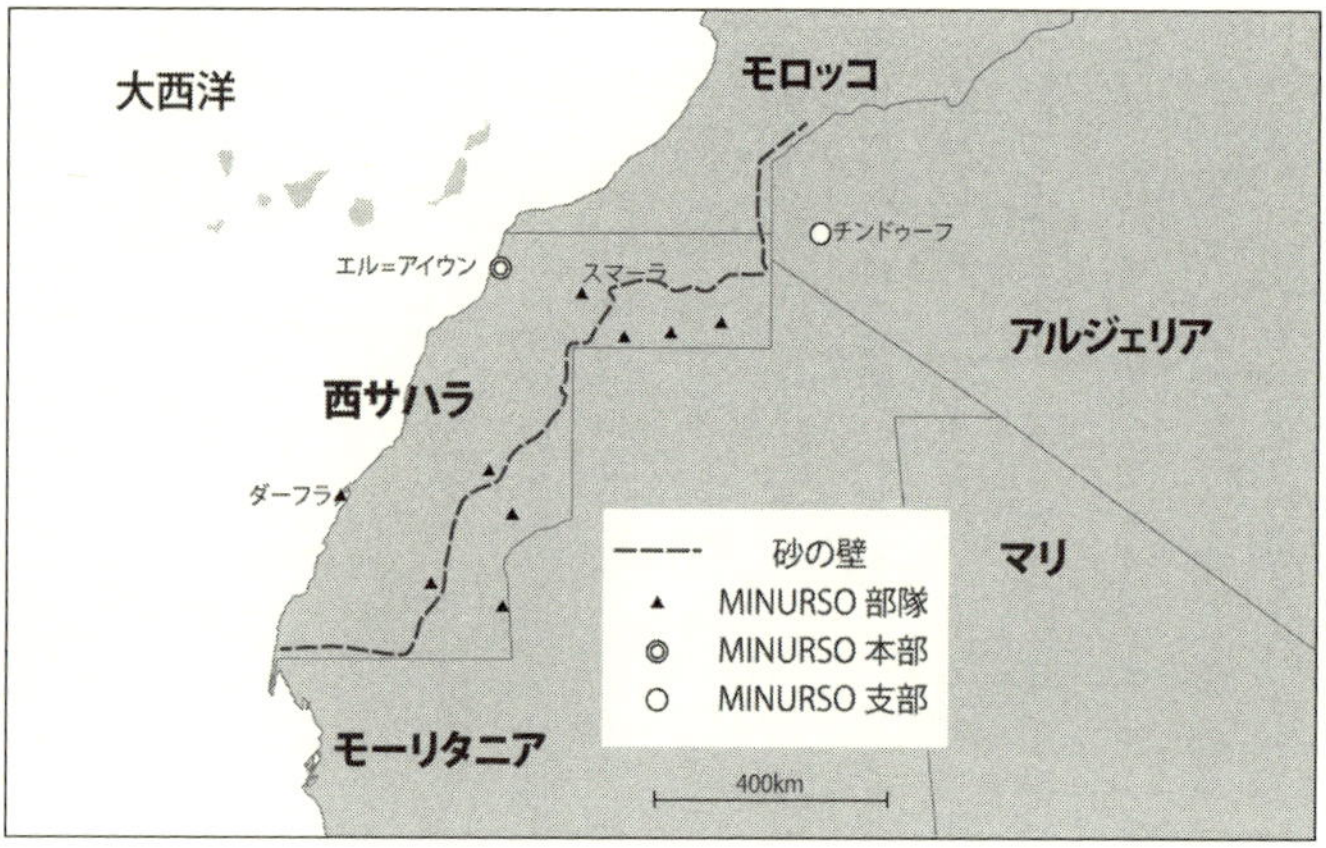

MINURSO駐屯地の地図。岩崎有一氏作成。

にとって代わられた。とうとう、祖国の占領以来十六年間に及ぶ闘いの努力が結実し、住民投票という決戦が見える地点までたどり着いたのだ。大会終了後、当時パリ在住だった私の身辺にいたサハラーウィ、駐フランスのポリサリオ戦線代表部メンバーやパリを経由して外国へ赴くサハラーウィ外交団には、全エネルギーを傾けるラストスパートの時が来たという喜びと緊張が漲っていた。

一九九一年九月六日、モロッコとポリサリオ戦線が署名をして、MINURSOの部隊が西サハラに展開され、停戦は発効した。十六年に渡った紛争が画期的な局面を迎え、パリ駐在のポリサリオ戦線代表部事務所にはかつてないほど、報道関係者からの電話がかかってきた。代表部の事務所では「投票当日はあまりの嬉しさと緊張で、用紙を間違えてモロッコへの〈帰属〉に入れてしまうのではないかと気が気でない」と冗談を言うサハラーウィがいれば、早くも、難民キャンプを畳み、そこを後にする段階にまで思いを馳せて「きっと恋しくなるに違いないな。あんな共同体はもう世界のどこにもないから」と言うサハラーウィもいて、皆それぞれが解放の日を待ち焦がれていた。

と同時に、不安は、サハラーウィにも西サハラ独立に支援を寄せる人々にもあった。これまでのモロッコの態勢からすれば、国連和平案をあっさり呑んで住民投票を行うとは想像しがたい。現に停戦前の八月四日には、壁を越えて飛来した王国軍のミラージュ十六機が、解放区のチーファーリーチー一帯を爆撃した。当時ポリサリオ戦線は、国連事務総長の和平準備を軌道に乗せるために、一九八九年十月の攻撃を最後に一方的に休戦宣言し、モロッコ側は休戦宣言はしなかったものの、事実上の休戦状態が続いていた。そこへ停戦一ヵ月前に、突然の攻撃だ。ポリサリオ戦線を挑発し、戦闘を再開させて和平を潰したかったのか、あるいは和平に対する不吉なメッセージだったのか。サハラーウィにとって懸念は払拭できなかった。それでも彼らの胸中には、国連に寄せる信頼と期待が何にもまして大きかった。

投票場所については、難民キャンプではサハラーウィの誰もが解放区を希望し、モロッコ軍が完全に撤退しない限り、壁の向こうの西サハラには戻らないと言っていた。また空路で帰還することを拒否して、こぞって陸路を望んでいるようだった。飛行機が苦手な人もいただろうが、二十年近く踏まなかった祖国の大地と空気を、じっくり味わいながら故郷へ戻りたかったのだろう。このサハラーウィの帰還、民族大移動には、当時日本政府がその費用負担を国連に申し出ていた。

変容する和平

ところが日を追うにつれ、モロッコが自国民を西サハラ占領地に移動させているという情報が入ってくる。そしてモロッコは有権者認定委員会に、和平合意から外れた別の名簿を提出した。和平案では、一九七四年のスペインによる人口調査をベースとして有権者認定を行うとあったが、モロッコは、別の十二万人が記載された名簿を提出したのだ。当時のスペイン領サハラ住民で、一九七四年の人口調査から外れている人々はポリサリオ戦線にも大勢いる。しかしここでその人たちのリストを提出すれば、モロッコ側の不正なリストも認定作業の対象として取り上げられて当然となる。したがってスペインが行った人口調査をベースにすることは、少なくとも当時スペイン領サハラに居住していた人々が登記されている名簿であり、曖昧さを許さないという点で国連の和平案にふさわしいリストだった。

しかし国連のデクエヤル事務総長自身が認定基準に手を施し、「サハラーウィを父親に持ち西サハラで出生した者、または一九七四年以前に当地に継続して六年間居住したことのある者、および断続的に十二年間居住したことのある者」という認定基準を追加した。任期満了を目前に控えていた事務総長の変節は、関係者の間でも疑問視された。事務総長代理を務め、和平案の下ごしらえに尽力したヨハネス・マンス氏は、その後の和平案の行方を暗示するかのように、この時点で辞表を出した。

和平案の内容が歪められ始めた頃、ある日私は、パリに立ち寄ったポリサリオ戦線のメンバーから電話で呼び出しを受けた。落ち合い場所となった共通の友人宅にやって来たこの人は、初老のサハラーウィ男性を連れていた。グリグリと呼ばれる数珠を握った老人は、救済を乞う念仏のように何かを繰り返し唱えていた。ふたりはほんの少し前に、どこかで合流したばかりだった。経緯を私たちに話すポリサリオ戦線の友人は、時折この老人に気持を落ち着かせるような言葉をかけていた。モロッコから逃げてきたというこの人は、彼の父親の無二の親友で、その父親は一九五八年の仏西合同掃討作戦で命を落としている。以前モロッコ人移民労働者としてフランスで生活したことのある老人は、何らかの書類を所持していて、ビザ等の問題に煩わされることなく入国できた。モロッコ南部の町タンタンに暮らし、息子の一人は拷問死、もう一人の息子はポリサリオ戦線の戦闘員となって死亡した。そして今回、この人はモロッコが有権者数水増しに向けて強制移住をさせていた住民の中に数え入れられたため、トラックに乗せられる前に遁走した。見つかるとどのような目に遭うか分からず、命を削る思いで空港の関門を通過し、パリへ辿り着いたのだった。出された夕食もろくに喉を通らず、数日間続いた緊張からまだ抜けきれないこの人に遁走の訳を尋ねると、「恐怖心から、モロッコの命じる通りに投票するのが嫌だった」からだ。

面目失墜のＭＩＮＵＲＳＯ

和平案によれば、ＭＩＮＵＲＳＯの到着とともに占領地は国連の庇護下に置かれるはずだった。ところが西サハラの占領地では、国連旗の掲揚すら当初は妨害に遭った。そしてモロッコは国連監視団の存在など全く気にも留めずに、テント製の収容所を設けて、国内から件のリストに記載された人々を送り込んでいた。

一九七六年以来、モロッコの占領地政策は一貫して既成事実化だった。モロッコ人の入植と西サハラ住民の同化を推進、強制して、海外にはモロッコ化した西サハラを吹聴し、「もう後戻りのできない現実」という印象を与えた。しかし国際社会が住民投票による和平の道を決定した時、占領下の町の風景はモロッコ化していても、西サハラ住民の意思がモロッコ化していないという深刻な現実にモロッコは直面した。さらには、スペインの人口調査リストに記載されたサハラーウィの多くが、占領地を出て難民キャンプに渡っている。

そこでモロッコは、住民投票向けに、モロッコ人のサハラーウィ化という反転した既成事実化を仕掛けたのだ。国連和平案によると、いかなる人も、有権者として認定される以前に西サハラへ移住することは禁止され、また西サハラの外にいる有権者たちの移動はＵＮＨＣＲが担当することになっている。ところがこのモロッコの頭ごなしの移住政策を前にして、国連は何の善後策もとれずに座視するばかりだった。

さらにはモロッコの時間稼ぎ、妨害工作、ＭＩＮＵＲＳＯ要員の収賄などがまかり通り（西サハラ人民の自決権を支持する欧州議員の議員室にモロッコ大使館員が侵入し、フロッピーディスクを盗む事件まで起きた）、住民投票準備に向けたプロセスは大きな暗礁に乗り上げていった。当時の国連事務総長は、デクエヤルからフランスが後ろ盾するエジプト出身のブトロス・ガーリーに代わり、ガーリー事務総長が安全保障理事会に提出する報告書には、モロッコと緊密な関係にあるフランスの姿勢が反映していた。

再燃する期待

一九九七年一月にガーリーに代わって就任したアナン国連事務総長は、早々から西サハラ紛争解決に向けて意気込みを示し、停滞していたＭＩＮＵＲＳＯの作業を再開させる。手始めに、米国のジェームズ・ベーカー元国務長官を事務総長個人特使として任命。ベーカー特使は、これまで歴代事務総長が実現できなかったモロッコ・ポリサリオ戦線間の直接交渉をリスボンとロンドンで成功させ、一九九七年九月にヒューストンで合意を成立させた。この合意は一九九一年の和平案に基づきながら、細部に詰めを施し、住民投票に向けた日程カレンダーが再度作成され、投票予定日は二〇〇〇年七月三十一日と発表された。続いて、有権者認定委員会の作業が再開するなど、和平プロセスの歯車は再び動きだした。

そしてついに二〇〇〇年一月、国連は有権者名簿を発表。一九七四年にスペインが実施した人口調査の数字に近い八万六千三百八十六人が有権者として認められた。しかしこれに続く異議申し立て期間に、モロッコは七万九千人の申し立て者リストを提出。これに立ち往生したアナン事務総長は、「さらにこれらの認定作業を行えば、終了するには二〇〇二年までの年月を要する」という理由で、ベーカー特使に他の解決案を探るように求めた。こうして国連は再びモロッコに足をすくわれてしまう。

今振り返れば、二〇〇〇年に七万九千人のリストを審査し始めていたら、どんなに長く見積もっても二〇〇五年には終了して、住民投票が行われていたかもしれない。けれどもアナン事務総長は、例え申し立て者リストの認定作業が完了しても、また新たに別の障害物が仕掛けられることを予知して、審査を断念したという可能性は大きい。

こうした経緯を経て二〇〇三年、ベーカー個人特使は、モロッコとポリサリオ戦線が求める要素を盛った折衷案を両者に差し出す。「ベーカー案」と呼ばれるこの和平案の内容を要約すれば、「四 - 五年間、西サハラにモロッコ主権下の自治体制を敷き、その後国連が組織する民族自決権行使のための住民投票で独立かモロッコ帰属かを問う。有権者は国連有権者認定委員会が作成したリストに記載された者のほか、一九九九年以来継続的に西サハラに居住する者」となる。暫定自治期間の導入といい、一九九九年以来居住するモロッコ人を加えた有権者リストといい、十五年前の和平案からはほど遠い内容に変貌してしまった案だったが、ポリサリオ戦線側は唯一「民族自決権の住民投票」が盛り込まれているという点で、この案を受諾する。

しかしモロッコはこの案をもまた跳ね返し、西サハラ人民に民族自決権を認める意向はないという姿勢をあらわにする。一方ポリサリオ戦線は譲歩に出て、住民投票の選択肢「独立あるいは帰属か」にもう一つ「自治」を加えた三つの選択肢による投票実施に同意する。しかし住民投票そのものを拒み、自治案による解決を探るモロッコの頑迷な姿勢に変わりはなかった。二〇〇四年、ベーカー個人特使は辞任し、和平への道は再び迷宮入りしてしまう。

ボイコットされる個人特使

二〇〇七年に国連事務総長となった藩基文は、二〇〇九年に西サハラ問題担当の事務総長個人特使として米国人クリストファー・ロスを任命した。ロス特使は二〇一二年ニューヨーク郊外でモロッコとポリサリオ戦線の直接協議を開催した。また先代の特使たちが足を運ばなかった西サハラの占領地に赴き、現地の人権活動家たちと懇談を持つなど、画期的で新しい扉を開けてみせた。ロス特使が占領地を去った後、懇談に参加した人権活動家たちはモロッコ当局からの挑発、暴力行為を受けた。それを知ったロス特使は、すぐに活動家に電話を入れて様子を伺ったほど、今までにないタイプの特使だった。アラビア語を話す外交官であったことも、占領地のサハラーウィを和ませたことだろう。また、ロス特使は解放区つまり占領されていない地域に赴いて、そこに駐屯するMINURSO部隊の視察も行い、活発なフットワークを展開して、その手腕には大きな期待が寄せられていた。

ロス特使と占領地の人権活動家たち。
2013年3月ダーフラで。西サハラ支援のスペイン語情報サイト *Poemario por un Sahara Libre,* http://poemariosaharalibre.blogspot.com

しかしこういったロス特使の動きは、モロッコにとって不都合な事態を招きかねない。やがてロス特使がモロッコを訪問しても、管轄違いの高官が同氏を迎えるなど、あからさまな拒否態度が目に付くようになる。そして二〇一二年頃からモロッコはロス個人特使を完全にボイコットしたため、同氏は任務の続行が困難となり、結局二〇一七年、国連事務総長の交代を機に辞任した。

藩基文事務総長は、その任期満了の一年前に難民キャンプを訪問している。事務総長はサハラーウィの四十年に渡るキャンプ生活の現実に直に触れ、心を動かされたせいか、現地の記者会見で「占領された」という言葉を発した。これがモロッコ国王の逆鱗に触れ、占領地に駐屯していたMINURSOの文民要員は強制撤退という処置を受けた。その後、国連事務総長と国王の睨み合いが続き、一年後にはモロッコはMINURSO要員の復帰に同意したものの、その実現は遅々として長引いた。

こうした経緯を経て二〇一七年に就任したポルトガルのグテーレス国連事務総長は、個人特使としてドイツのホルスト・ケーラー元大統領を任命した。この任命にポリサリオ戦線側はすぐに合意を示したが、モロッコ側は三ヵ月も案件を宙吊りにしたまま回答を出さず、ここでもまた非協力的な姿勢はあからさまだった。

ケーラー特使は当事者間の直接協議再開を目指して、その地盤作りのためにアフリカ連合（AU）やEUの協力を仰ぎ、二〇一八年十二月と二〇一九年三月にモロッコ、ポリサリオ戦線、アルジェリア、モーリタニアの代表団を一同に会する会議を開くに至った。そして二〇一九年四月、安保理は決議二四六八号を採択し、MINURSOの任期更新を半年に定めて問題解決の歩調にプレッシャーをかけた。しかし不運にもその三週間後、ケーラー特使が健康上の理由で辞表を提出することになった。ケーラー特使は、就任の二年間を通してさまざまな段階でモロッコ側が設ける障害に直面し続けただけに、辞任の理由が他所にあるのではないかという推測が生じても不思議ではない。

三十数年ぶりの再会

国連の和平プロセスがモロッコの一方的な拒否姿勢により遮られてしまうのは、和平案をめぐる当事者間の協議だけではない。UNHCRは、占領地と難民キャンプに分かれて三十年以上も家族に会えないサハラーウィのために、二〇〇四年三月以来、家族相互訪問というプログラムを組んで、チャーター機を週に一便、難民キャンプと占領地の間に運航させていた。このプログラムには占領地と難民キャンプの双方から四万人が登録されており、一回に二十人から三十人のサハラーウィが飛行機に乗り、西サハラを分断する砂の壁を飛び越えて、目的地に五日間滞在できる。しかしこのプロジェクトの運営もまた、主催者たちの思惑からはほど遠く、幾度もモロッコ側からの拒否で飛行がキャンセルされた。そしておよそ二万人のサハラーウィが夢の訪問を実現できた時点で、二〇一四年七月から完全に停止したままだ。

おまけにプログラムが催行されていた時でさえ、家族に再会するサハラーウィたちは、モロッコ当局からのプレッシャーなどを受け、心静かに訪問を終了することは不可能だった。

占領地から難民キャンプを訪れた人々は、帰宅するとモロッコ当局の取り調べの対象となる。逆に難民キャンプから占領された祖国の町を訪問した人々は、尾行を受け、買収の誘いを受けるなどする他、訪問者を受け入れた家族もまた取り調べを受ける。最近は携帯電話の普及とその無料アプリのおかげで、隔てた二つの地域が肉声で結ばれ、チャットが交わされてはいるが（ちなみにこのアプリの国旗図案にはＲＡＳＤ国旗がある）、この国連プログラムが、引き裂かれた多くのサハラーウィ家族にもたらした至福は計り知れない。例え五日後に再び辛い別れが訪れるにしても、会えた現実に裏打ちされて、再び胸に希望を温めることができたことだろう。

海外で西サハラ紛争を伝える記事やニュースでは、モロッコとポリサリオ戦線が各々の解決案に固執して譲歩しないことが、長期化を招いている原因として語られることが多い。しかし、固執する案の内容を見れば、ポリサリオ戦線のそれは国連憲章に唱われ、西サハラ人民に約束された民族自決権であり、モロッコの方は占領した領土を手放したくない一心で固執しているにすぎない案で、国際法上の正当性はない。その上譲歩の点では、前述したように、有権者認定規準の拡大や、住民投票の選択肢に「自治」を追加するなど、ポリサリオ戦線側だけが折々に譲歩をしてきている。

西サハラ紛争が、国境紛争でも分離独立紛争でもない、脱植民地化の問題であるという基本を踏まえれば、この紛争は複雑でも何でもないことは自明の理だ。それなのに何故、国連が長い歳月をかけても解決できないほど、モロッコは和平に背を向けるのか。また、なぜそれを続けられるのか。この辺りを次の章で明らかにしてゆく。

第三章 モロッコの占領政策

一九七五年の軍事侵攻以来、四十年以上に渡って西サハラを違法占領し続けるモロッコ。毎年国連総会で採択される、西サハラ人民の自決権行使を求める決議を無視するこの姿勢は、よほど強い後ろ盾がなければできることではない。その後ろ盾となっているのが、安保理常任理事国のフランスだ。二〇一四年から国連フランス大使を務めるフランソワ・ドゥラットルが、駐米大使だった二〇一一年にこう述べている。「モロッコは夜毎ベッドを共にする妾みたいなものです。とりたてて愛情があるわけではないが、守ってあげねばならないのです。」（A・ロンゴリア監督ドキュメンタリー映画『雲の息子たち』（二〇一二年）のインタヴューより）

モロッコ、とりわけ父子二代のモロッコ国王が、どのような奥の手を使って特殊な外交関係を維持し、また国民の貧しい生活をないがしろにして、いかに国内の富を独占しているのか。
この章ではそんな国王の横顔を列挙してみる。

第一節　王国の命綱としての西サハラ

鉛の時代

モロッコは一九五六年にフランスから独立し、一九六一年、国王ムハンマド五世の死後、長男のハサン王子がハサン二世として王位に就いた。

ハサン二世国王の治世三十八年は「鉛の時代」と呼ばれていたほど、徹底した人権抑圧が続いた時代で、人心に恐怖を植え付けた政治、社会体制が見事に機能し続けた。一九七〇年代に二度起きた未遂のクーデタに加わった軍人たち、そして反体制的とみなされた人間はことごとく処刑や酷刑の対象となっていた。モロッコ中部のアトラス山脈の山中深くにあるタズママルト[1]やカルア・ムグーナ（ムグーナ砦）といった、人里離れた幽閉牢に閉じ込められて拷問で身体を破壊され、字義通り、露命をつないでただ死を待つだけの人々、あるいは拷問で悪名高いケニートラ刑務所のような場所で刑に処された人々が大勢いた。秘密の監禁所に閉じ込めて消息

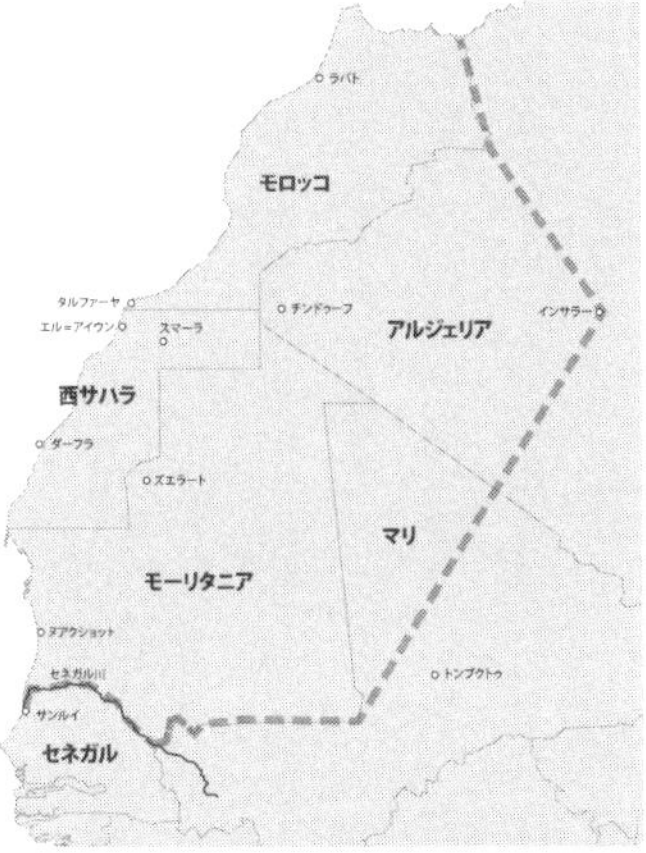

大モロッコ論の版図。
Maurice Barbier, *Le conflit du Sahara Occidental* p.77 をもとに岩崎有一氏作成。

不明にしてしまう措置は、処刑とは異なる。ハサン二世国王は、時間をかけて精神と肉体を半殺しにする手法を好んだ人物らしい。

そんなハサン二世が、国是として国内政治と外交の軸に据えたのが「モロッコ領サハラ」だった。この主張の由来は、モロッコが独立して間もない一九五六年に、保守派の民族主義政党イスティクラール（独立）党の党首アラール・エル＝ファーシーが唱えた「大モロッコ論」で、その版図はアルジェリアやマリの一部、西サハラとモーリタニアの全土を含むものだった。これは、かつてモロッコの君主たちが遠征した地点を、時代を無視してそれぞれを線で結んで作成された領土地図で、西サハラはその遠征の通過地帯だったのだ。

以後モロッコでは今日に至るまで、「モロッコ領サハラ」は「イスラーム」それに「国王」と並んで、体制を支える三種の神器の一つとなっている。この三つのいずれかを疑問視し、異

（1）モロッコの小説家ターハル・ベン＝ジェルーンの作品『あやまちの花』は、このタズママルトに幽閉されていた人物の証言を元に書かれた。Tahar Ben Jelloun, *Cette aveuglante absence de lumière*, Edition du Seuil, 2001.

議を唱えることはタブーなのだ。前王ハサン二世が「モロッコ領サハラ」として西サハラの占領に執着した背景には、二つの理由があった。

一つは、第一章第二節「スペイン領サハラ」で登場したリン鉱石と大西洋岸の水産資源という経済的な理由だ。モロッコもリン鉱石を産出するが、西サハラのブークラーアのリン鉱床は世界有数の質と埋蔵量を有する。そして西サハラの領海は、水産資源が豊富で、こちらも世界有数の漁場に挙げられている。

王権の安泰

西サハラを占領する二つ目の理由は、王権の安泰という政治的な理由だ。モロッコでは一九七一年と翌七二年に軍部によるクーデタ未遂事件が相次ぎ、ハサン二世の王座は危機に直面していた。これに対し国王は、クーデタ首謀者はもちろん、疑わしい人物は全て処刑あるいは酷刑に処して王国軍の浄化を徹底した。またこれと並行して国内の各地で起きた農民、鉱山労働者、学生による大衆闘争にも同様の弾圧を加えていた。

モロッコの政体は立憲君主制と普通選挙による議会制で、民主主義国家的な印象を与えてはいたが、その実は軍隊と警察権力に依存した専制君主体制でしかなかった。おまけに腹心の軍人たちに謀反を起こされ、その権力維持基盤は揺らいでしまっていた。こうした政情不安の中

エル＝アイウンの南東約5kmにある、幽閉牢に使用されていた旧スペイン砦。
Michèle Decaster, *Irréductibles Sahraouies*, La grange, 2018, p.146.

でハサン二世は、「モロッコ領サハラ」を切り札として掲げ、国民の目をサハラへ向けさせ、国内の社会矛盾を一切隠蔽し、サハラ奪還を国民的願望へと高めて挙国一致を築き上げたのだった。

その一大イベントが先に触れた「緑の行進」であり、マドリッド協定に続く軍事侵攻によって、モロッコは西サハラの占領支配を進めていった。その過程で、モロッコ当局が占領下のサハラーウィに対して酷い弾圧政策を駆使したことは、想像に難くない。占領地で強制連行され行方不明者となったサハラーウィは、前述のカルア・ムグーナ牢か砂漠の近くの古い砦などに幽閉されていた。

そうした犠牲者の一例として、カルア・ムグーナ牢に入れられた両親と双子の娘の家族がいる。四人は何をしたわけでもない。ただ息子がポリサリオ戦線の指導部にいただけで、当局は占領下に残った家族をカルア・

ムグーナ牢に幽閉したのだ。両親は娘たちの目の前で拷問を受け、娘たちは両親の前で性的暴行を受ける日々だった。やがて両親は拷問のために亡くなり、娘たちは十六年後の一九九一年に解放された。難民キャンプにいるポリサリオ戦線の息子は家族の身の上を知る術もないが、家族が強制連行され消息不明となった知らせは届いている。モロッコは難民キャンプにいるサハラーウィ家族も、このようにして間接的に苦しめ痛めつけていたのだ。息子というのは、サハラ・アラブ民主共和国（RASD）のムハンマド・サーレム・ウルド＝サーレク外務大臣だ（二〇一九年現在）。又、元首相のムハンマド・ラミーンは占領下の家族全員を殺害されている。

「鉛の時代」のモロッコの国内、そして占領下の西サハラにおける人権侵害の状況は、国際人権団体にもなかなか実態がつかめなかった。恐怖心から、誰もが口を閉ざしていたのだ。おまけに辛うじて口を開く者がいても、民主主義的な体制を標榜する国だけに、外国のマスコミは取り上げなかった。

しかし、フランスでこの問題を追究していたドキュメンタリー作家ジル・ペローが、一九九〇年に国王の正体を暴いた『われらが友、国王』(Gilles Perrault, *Notre ami, le roi*, Callimard, 1990)を出版。これがベストセラーとなって、フランスでモロッコの人権問題がにわかに白熱化した。するとハサン二世王国の恥部を囲っていた頑丈な壁が崩れ落ちるように、次々と真実が明るみに出て、行方不明者とされていた人々が世に対する国際世論からの圧力が強まった。それが功を奏し、解放され、一九九一年八月にはサハラーウィの消息不明者八百余名のうち、三百名が解放された。前章で見たように、一九九一年は国連和平案が成立した年だ。しかしハサン二世のとった措置は、和平の枠ではなく、あくまで国王のイニシアチヴによる恩赦として行われた。

一九六一年に即位して以来、三十八年間に渡り国内の隅々まで恐怖心を浸透させたハサン国王は、一九九九年七月二十三日に病に倒れ七十才の生涯を閉じた。一週間後の同月三十日、長男のムハンマド六世が即位した。

第二節　「おもてなし」外交

ハサン二世そしてその息子のムハンマド六世が、モロッコ国民にとって専制的国王で、国内では独裁的にふるまえたにしても、モロッコのような国が何故、国連決議を無視し、国際社会を相手に横柄な姿勢を取り続けられるのか、誰もが不思議に思うところだろう。それは、フランスが強力な後ろ盾となっているからに他ならない。この関係はパレスティナ問題における、米国とイスラエルの関係によく似ている。多くのフランス企業がモロッコに進出し、兵器売買も含めた経済的な結びつきはもとより、両国の間には分かちがたい緊密な関係が築かれている。

それもフランス政権の舵取りが右になろうと左になろうと、対モロッコ関係にはまったく影響しない。それはハサン二世時代も、ムハンマド六世の現在でも変わりはない。

おもてなしの代名詞、マラケシュ

二〇一七年、フランス大統領に就任したエマニュエル・マクロンは、最初の外遊先にモロッコを選んだ。しかし、外務省はこの訪問を「公式訪問」ではなく、私的訪問でもなく「個人的訪問」と発表した。訪問はモロッコ国王からの招待で、マクロン大統領当選の当日にムハンマド六世が祝福の電話を入れた折、約束事が成立したそうだ。モロッコの政府寄りメディアによると、政界歴の比較的浅いマクロン大統領は、王室の手元にある「モロッコで週末やヴァカンスを過ごす政治家」名簿に名前が載っていなかったことから、お近づきの印としての招待だった。この名簿に記載された政治家たちは、マラケシュにある贅をつくしたホテル、ロワイヤル・マンスールあるいはマムーニアに招待されては、そこで自在に過ごすことのできる人物たちだ。こうした招待が隠しだての必要もない事実であることは、フランスの重要な大臣ポストを歴任したアリヨ＝マリー元大臣自らが、テレビの対談番組で認めている。(2)

TVジャーナリスト　フランスの政界は、右も左も、マグレブ、とりわけチュニジアとモロッコの政権との関係が過剰なほどに緊密ですね。お名前は申し控えますが、モロッコ国王の場合は、フランス政界の隅から隅までを買収している印象を受けますね。

アリヨ＝マリー　（頷いて）それにメディアもです！

ジャーナリスト　まさしくおっしゃる通り。そう、メディアも。誰もがマムーニアに招待されますからね。

外科手術を受けたある大臣は、退院後の療養にと、モロッコ南部の町タルダントの人目につかない高級ホテル滞在の招待状を受け取っている。革新的な見解で定評ある論説記者は、高級腕時計をプレゼントされている。駐国連のフランス外交官には、日頃目を付けていた別荘用の土地が転がりこんだ。職務上パリとラバトを行き来する警察官僚には、高級スポーツカーが届けられた(3)。

モロッコのこうした巧みな「おもてなし」は中身の種類もその数も山と積まれるほどあり、モロッコの反体制ジャーナリストやフランスのジャーナリストによる暴露本や記事が少なくない。この「おもてなし」は、後に述べる「脅し」と対になって、モロッコ外交活動の精髄になっている。

(2) Zemmour & Naulleau, 05/04/2013.
(3) Ali Amar, Jean-Pierre Tuquoi, *Paris Marrakech*, Calmann-lévy, 2012, p.84

モロッコ・フランス間の緊密な糸を紡ぐ主役は経済界、政界の人物だけではない。文化界の著名人もまた名を連ねている。その中で日本でも知られている人物を挙げるなら、前述のタズママルトをモチーフにした作品を出した、パリ在住のモロッコ人作家ターハル・ベン＝ジェルーンがいる。パリ郊外にはモロッコ国王所有の城があり、父王とは違い、ムハンマド六世は一年のかなりの月日をここで過ごしているが、パリのモロッコ大使館で仏大統領を招いて催す食事会には、いつもこの作家が同席する。ベン＝ジェルーンの場合、使命は単なる国の文化使節ではなく、王室お抱えのスポークスマンに近い。

マラケシュで開催されている国際映画祭は、主宰者が国王の弟ラシード王子だ。二〇〇二年度の映画祭にはスペインの監督、ペドロとアグスティンのアルモドバル兄弟が主賓として招待されたが、二人は日程上の都合を理由に欠席した。するとベン＝ジェルーンは公開書簡を出し、モロッコ王室の招待に応じなかった監督を「フランコ主義の相承者」「反アラブのレイシスト」と呼んで攻撃の矢をむける有り様だった。弟監督はこれについて、「私たちが招待を辞退したのは、単に感受性の問題です。日々のテレビニュースで報道されるお隣の国を見ていると、どうしてもそうなるのです。華麗で、ありとあらゆる贅を尽くした催しに招待されても、その一方では、両国間の海に浮かぶ遭難者たち(4)の悲しい映像を、朝食の時に見せられている訳ですからね。私たちはこの宮廷のパーティーに出席できるような、身も心も持ち合わせていないので

す。まあこんな、ごく単純な理由です」と述べている。(5)

実業家の「猛禽王」

モロッコは湾岸諸国のような産油国では全くないが、国王ムハンマド六世は戴冠十年目の二〇〇九年には、フォーブス誌の世界長者番付で七位に名が挙がっている。これは、国王が握ることのできる絶対的な権力を利用して、ムハンマド六世が大実業家として躍進した成果に他ならない。フランスで、『猛禽王』(Eric Laurent, Catherine Graciet, *le roi prédateur*, Seuil, 2012) と題された、実業家としての国王の手管を暴いた本が出されたほどだ。

王室の管理下にはモロッコ国営投資会社ＳＮＩ(Société Nationale d'Investissement) という巨大な産業・金融グループの他、以前は「国王所領」Domaines Royaux と呼ばれ、現在は「農業所領」Domaines Agricoles と改名されたモロッコ国王の土地がある。この土地に関する情報は一切非公開となっているが、二〇〇八年にモロッコの週刊誌「テルケル」が徹底取材をしたところ、農産物の取引総額が一兆五千万ドルで、その三分の二は輸出額と分かった。それでも

(4) ヨーロッパを目指してゴムボートで地中海を渡ろうとして遭難する移民をさす。
(5) Elsa Fernandez-Santos, 'Almodóvar se niega a asistir al Festival de Marraquech y lo tilda de "festejo de corte"'. *El Pais*, 18/09/2002.

面積については謎に包まれたままだ。生産物が促成野菜、柑橘果物、畜産物、乳製品、養蜂産品、エッセンスオイルと多様なところから、数万ヘクタールとも数十万ヘクタールとも推測されている。もちろんこの所領はモロッコ国内だけではない。モロッコが占領している西サハラのダーフラにも広がっている。

一方モロッコ国王としてのムハンマド六世には、国家から毎月四万ドルの給与が届く。これは米国やフランスの大統領の給与のおよそ二倍にあたる。また毎年二百四十万ドルが衣服代として、国家予算に組み込まれている。国王は国内に十二の宮殿を所有しているが、その従業員三百人には総額で年間七千万ドルの給与が国から支払われている[6]。

先述した外国の政治家やジャーナリストに対する「おもてなし」は、こんな大富豪の君主だけに懐が大きいと解されがちだが、実はそのおもてなしの費用もまた「国王ならびに宮廷からの助成金」という名目で国家予算から支出されている。

二〇〇九年にフランス議会で、ルーブル博物館にムハンマド六世から一千五百万ユーロの寄付があったと報告されたことがある。しかし、これも国王の個人寄付ではなく、モロッコ政府が、それも自国文化省の年間予算の半分に当たる額を拠出したのだ。

ところで、世界銀行の国際貧困ラインを一日一・九ドルに定めた統計の発表によると、二〇一六年のモロッコ国民人口三千五百二十万人のうち、五百万人が一日二ドル、百万人が一日一ドルの生活だ。また国連開発計画（UNDP）が発表する人間開発指数（平均余命、識字率、就学率、国内総生産から出される）の二〇一八年度国順リストでは、モロッコは、加盟国一九三ヵ国中の一二三番目に位置している。ちなみに近隣国のアルジェリアは八五位、チュニジアは九五位、数年前まで戦火が続いたイラクは一二〇位だ。この指数には、経済的側面だけではなく、国民の未来を築く保健や教育の現状も反映するため、各国社会の行く手に明かりが射しているか否かが読みとれる。

アフリカの国としてのモロッコ

モロッコがおもてなしの限りを尽くすおかげでフランスが後ろ盾に就いているにしても、一方のフランスにとってモロッコとの強力な関係維持のメリットは何処にあるのだろうか。かつてハサン二世時代には、モロッコはアラブ世界と欧米・イスラエルの橋渡し的な位置を占めていた。モロッコは国内のユダヤ教徒住民の多くをイスラエルに移住させ、また一九八六年七月にはイスラエルのシモン・ペレス首相（当時）が、ハサン二世国王の夏の離宮に招かれ滞在した。アラブ諸国では初のイスラエル首相の公式訪問だ。モロッコとイスラエルの関係が憶測を越えた次元にまで深化していたことは、第三次中東戦争でイスラエルが勝利を収めた陰には、ハサ

（6）Driss Ksikes et Khalid Tritki, 'Enquête, Le salaire du roi', *Tel Quel*, n°156-157.

ン二世の協力があったことで明らかになった。これはイスラエルの元参謀が二〇一六年に告白している。(7) そして西サハラの砂の防壁建設の発案者がイスラエル軍であることからも、両国の軍事協力関係が窺われる。

今世紀、ムハンマド六世の時代に入ると、アラブ世界に、非公式ではあれサウジアラビアのようにイスラエルと政治的、経済的関係を持つ国が出てきた。アラブ諸国間の不協和音も表面化し、アラブ世界と欧米・イスラエルの関係図がかなり変化したことと相まって、モロッコが従来担ってきた橋渡し役は影をひそめてしまった。フランスにとってモロッコは、アラブ圏のモロッコではなく、むしろアフリカ圏のモロッコとして存在意義を持つのかもしれない。

モロッコは一九八四年、アフリカ統一機構（OAU、現在のアフリカ連合）を自ら脱退した。それは、第二章で見たように、ポリサリオ戦線が一九七六年二月二十七日にRASDの建国宣言をし、その後アフリカ諸国の承認を獲得していって、第二十回OAU会議で正式加盟国となったからだ。これを不服としたハサン二世はここでOAUを脱退するが、数十年の歳月を経て、ムハンマド六世は何としてもモロッコをアフリカ連合（AU）の一員にすることを志した。

二〇〇五年あたりからモロッコのアフリカ諸国に対する経済進出が活発になっていたが、AUメンバー国になればさらに大きな展開ができる。王室企業の将来こそが国の将来でしかない大実業家のムハンマド六世にとって、アフリカは格好のパートナーなのだ。AU加盟を目指して、アフリカ諸国に向けて下準備を進めていたモロッコは、二〇一七年一月三十日、思いを遂げて五十五番目の加盟国となった。アフリカ憲章第一章二〇条には民族自決権の原則が、そして二一条には天然資源の原則が掲げてあり、モロッコは加盟時にこれにサインをしている。ところがAU加盟後のモロッコは、この原則に真摯に関わってゆく姿勢を見せるどころか、事あるごとにRASDの会議参加を拒否して茶番を打つなど、勝手な振る舞いは旧態依然としたままだ。

二〇一七年八月二十四、二十五日、日本とアフリカ連合間のアフリカ開発会議TICAD閣僚会議がモザンビークの首都マプトで開催された。開催日、モロッコ代表団は会場入り口に陣取り、RASD代表団の入場を阻止しようと試みたため揉み合いが生じたが、結局ホスト国モザンビークの采配によりRASD代表団は入場を保証された。モロッコ側のこの手の挙動は珍しくないが、現地の模様を伝える動画ではこの日、駐モザンビークの日本大使館職員たちが扉の前に立ちはだかり、モロッコ側と連携した振舞いに出ていたことが明らかにされた。予め準

(7) 二〇一六年十月十六日付のイスラエル日刊紙 *Yedioth Ahronoth* に掲載された元参謀 Shlormo Gazit の告白。これによると一九六五年モロッコのカサブランカでアラブ諸国元首が対イスラエル戦略会議を開いた時、ハサン二世はこれを録音し、イスラエルにそのテープを渡した。これが、一九六七年の第三次中東戦争におけるイスラエル勝利の大きな要因となった。Ronen Bergman, 'Mossad Listened in on Arab states' preparations for Six-Day War', *Yedioth Ahronoth*, 16/10/2016.

備された所為であったことは、事が起きる前に日本大使館職員が扉前に立ち、携帯で連絡を取っている姿からおよそ推察できる。誰もがまさかと疑うその画像に、スペイン人のある仲間から私の元へ「日本人の食卓にとってタコが欠かせないのは分かるけど、ここまでするには一体何があるのかな」とメッセージが届いた。

その三ヵ月後、十一月二十九、三十日にはEUとAUのサミット開催が予定されており、これに向けてもモロッコは、ホスト国のコートジボワールがRASDに招待状を出さないように周到な根回しをした。しかしAUは、ここでも組織の原則を遵守した態度を貫き、十月二十八日にアディスアベバで臨時閣僚委員会を開催し、コートジボワールがRASDを招待しない場合は、EU・AUサミットをアディスアベバで開催するという断固としたレベルの決定を下した。その結果コートジボワールはRASDを招待する方針に転換し、ガーリーRASD大統領の元には招待状が届いた。モロッコの目論みは、ここでも挫かれてしまった。尚、モロッコのAU加盟や、RASDのサミット招待をめぐるコートジボワールのモロッコ寄りの姿勢には、フランスの後押しがあったことは疑いの余地がない。

フランスは、ニジェールなどアフリカのサヘル諸国で、ウランやレアメタルをはじめとした地下資源開発に大きく関与している。そこでサハラ砂漠で暗躍する「イスラム国」（IS）系やアル＝カーイダ系の幾つかの武装勢力の手から、貴重な資源の開発を守らねばならない。当地域の治安保障を掲げてモーリタニア、マリ、ニジェール、ブルキナファソ、チャドの五ヵ国がサヘルG5を組織したが、ここにフランスが後方で関与している。しかし五ヵ国だけではロジスティック部門が弱く、フランスは自国の負担を抑えたまま、地元の力を当てにしたい腹積もりだ。アルジェリアの参入を強く望んでいるもののアルジェリアは頑なに腰を上げようとせず、最近ではモロッコの参入が取り沙汰されている。

ところで、一九九二年にガーリー国連事務総長が設置した国連の平和維持活動局（DPKO）だが、局長は最初の五年間だけが英国人とガーナ人（後に国連事務総長となるコフィ・アナン）で、一九九七年から今日に至るまでの二十一年間、歴代局長の五人がすべてフランス人というのは注目に値する。一九九六年にガーリー国連事務総長が任期満了を迎え、有力候補にアナン氏が推された時、フランスは親仏家のガーリー氏に二期目の続投を望んでいたが、DPKO次期局長をフランス人に充てることでアナン氏に合意したという経緯さえあった。

二〇一八年現在、PKOが展開されている地域は世界に十六ヵ所あり、その内八つの平和維持軍がアフリカ大陸に集中している。フランスが、旧植民地の広がるこの一帯にどれほど利害関与しているかは計り知れない。またフランスは、フランコフォン（フランス語圏）会議のように、フランス語を通した影響圏を保持することにも余念がない。となると西サハラは、アフリカでフランス語圏の広がる一帯に浮かぶスペイン語圏の孤島だ。フランスにとっては、モロッコに吸収されることでフランス語圏に組み込んでしまいたい孤島なのかもしれない。

第三節　「脅し」外交

モロッコ国王はその絶対的な権力を自在に操って、自国の富だけではなく、占領している西サハラの富を手中に収め、自らの財と王室一族の財を肥やし続けている。西サハラの場合は、資源開発においても、モロッコは常に既成事実を積み上げては、国際法に背を向ける政策を続けてきた。パレスティナの占領におけるイスラエルと同じやり口である。この先も国際正義が脇へ押しやられたまま、イスラエル同様、モロッコの違反が野放しにされ、国王の思惑通りに不正がまかり通って行くのだろうか。

一九九〇年代にモロッコとEUの間に締結された協定は、そのあと形を変えながら進展して、二〇〇二年にEU・モロッコ協力協定、そして二〇一二年十月には、農業と漁業に関する自由貿易協定として新たに締結された。この協定には地理上の適用範囲が明記されていないため、モロッコの意図通り、占領下の西サハラを含めた適用が暗黙のうちに成立する。このため二〇一二年十一月、ポリサリオ戦線は欧州連合司法裁判所に提訴し、この協定の破棄を求めた。三年後の二〇一五年十二月十日、欧州司法裁判所は、協定はモロッコ王国領土において適用されるべきで、西サハラが含まれないことを明記していない故にこの協定の一部分は無効であると決定した。これに憤ったモロッコは、ＥＵとのあらゆる関係を停止すると脅しの態度に出、片や協定締結母体である欧州委員会は、欧州司法裁判所の決定により立場を失い、すぐさま控訴した。しかし二〇一六年九月、欧州司法裁判所の法務官は、「ＥＵ・モロッコ協力協定も、農業と漁業に関する自由貿易協定も、西サハラに適用することはできない」と発表した。

続いて同年十二月二十一日には、欧州司法裁判所は、二〇一五年十二月の裁定を一旦無効とし、「西サハラはＥＵ・モロッコ協力協定においても、農業と漁業に関する自由貿易協定においても、その対象から外されるべきである」という裁定を下した。

この問題をめぐっては、以前から欧州議会と欧州委員会の間に対立が見られていたが、モロッコと締結する協定の内容を西サハラに適用することは違法とされた以上、議会は委員会の動きに対して、これまで以上に厳しい監視をする。欧州議会と欧州委員会でこのような姿勢の違いが生まれるのは、委員会がＥＵ加盟国の各政府が送る代表で構成されているため、出身国の政府や企業の利益を追求する傾向がある一方、議会はＥＵ加盟国の国民が選ぶ議員で構成されており、より民主的な姿勢が討議や決定に反映されるからだ。

欧州司法裁判所の裁定から一ヵ月後、モロッコ訪問を終えた欧州委員会外務局の北アフリカ担当ヴァンサン・ピケ部長（オランダ代表）は、「欧州連合司法裁判所の裁定を尊重しつつ、なおかつ協定の適用地域に西サハラを含ませるための法的根拠を見つけねばならない。それはまた国連の和平プロセスの邪魔になるようであってもならない」という難題を欧州議会に伝えた。欧州委員会にとって、モロッコの「ご機嫌斜め」はアキレス腱になっていると言っても過言ではない。実際、欧州連合誕生以来、モロッコほど扱いがデリケートな相手国は他になかったのではないか。

脅しの材料① 移民

なぜ欧州は、モロッコ王国に対して堂々と公正な姿勢で渡り合えないのか。それは、一九九〇年代から欧州を悩ませてきた、移民や「テロリスト」と呼ばれる者たちのヨーロッパ上陸の鍵をモロッコが握っているからだ。

この場合の移民はモロッコ人およびサハラ砂漠以南のアフリカの国々から北上してくる人々で、モロッコで密航斡旋業者に金を支払い、海岸から小型船やゴムボートで海を渡りスペインの対岸に辿り着く。あるいはモロッコ領土内にあるスペインの飛び地領土(8)のセウタかメリリャの国境付近の森林に身を隠し、モロッコ国境警備隊の監視が緩んだ時に国境を越えてスペイン領の飛び地に入る。ＥＵとモロッコの間には移民対策に関する取り決めがあり、ＥＵはモロッコが国内の密航業者を摘発し、移民の本国送還を担うよう、そのための資金をモロッコに提供している。しかし、前掲のアルモドバル監督の言葉にも出ていたように、アフリカ大陸に最も近いスペインを目指す移民は後を絶たず、モロッコに託された作業が功を奏する気配は一向にないまま、現在に及んでいる。

モロッコが握る鍵というのは、いわば貯水池の水門の鍵だ。モロッコ当局は密航斡旋業者に関する情報を把握し、またセウタやメリリャ近くで収容されたり野宿したりする移民たちについての情報も掌握している。

これらの移民たちに対するモロッコ当局の扱いが非人道的で、二〇〇五年あたりから外国のNGOがこれを告発し始めた。またポリサリオ戦線は、モロッコ当局が移民を本国へ送還せずに砂漠に放置するため、そうした移民たちが西サハラ解放区に辿り着いているという警報を発していた。そこで二〇一〇年九月、ヨーロッパのジャーナリストたちが、メリリャ近郊の森林で野営する移民たちを取材した。この時の記者団の中にいたスペイン日刊紙ABCのデ＝ベガ記者は翌月、今度はポリサリオ戦線に案内されて解放区に入り、砂漠を彷徨ってポリサリオ戦線に発見された移民たちを取材した。するとその中の一人、カメルーン人青年がこの記者に、

（8）飛び地とは、地理的に分離している領土のこと。この二都市はかつてスペインの保護領だったモロッコ北部のリーフ地方にあり、モロッコ独立の際には二都市だけがスペイン領として残った。

先月メリリャで会ったと声をかけた。デ・ベガ記者はその青年に見覚えはなかったが、パソコンに入っている写真ファイルを開いたところ、確かにその青年が同じTシャツを着て写っていた。三十八日後の再会だった。

モロッコ当局が否定し続けていた移民の遺棄行為が、この青年の出現で裏付けられた。青年の話ではバスで「モロッコ南部」まで運ばれた後、砂漠の真っただ中に放り出された。その時モロッコ兵士に頼んで譲ってもらったという水筒があり、それにはMade in Casablancaと刻まれていた。青年はモロッコ軍が築いた砂の壁を越え、幸運にも地雷を踏むことなく解放区に入り、ポリサリオ戦線の戦闘員たちに発見されたのだった。砂漠に置き去りにされ、砂の壁を越えて、モロッコが敷設した地雷原で命を落とした者たちもいるに違いない。

この移民の遺棄が物語っているように、モロッコが、欧州と交わした合意をどれほど実践しているかはおよそ察しがつく。しかし、欧州にとっての真の問題は、モロッコ側の手抜き作業や移民たちの人権侵害ではなく、モロッコに移民問題を逆手にとられ利用されてしまっているところにある。EUあるいはスペインが、西サハラ問題をめぐってモロッコに不都合な見解や姿勢を表明したり、EU・モロッコ間の協定にひびが入りそうになると、モロッコは水門の栓を緩めて、移民を放流するのである。モロッコ当局は密航斡旋業者たちに対する取り締まりを中断し、あるいはセウタやメリリャ近辺の監視を止める。こうして海上からはゴムボートに乗り込み、地上からは鉄条網を上り越えて移民がスペインに入ってくる仕組みだ。

脅しの材料②テロリスト

移民と並んで「脅し」の材料に使われるのがテロリスト問題だが、こちらは移民に比べて相関関係の時宜がはっきりはしていない。ただ特筆すべきは、モロッコ国王が、それも二代にわたって、これに言及したことだろう。

前国王ハサン二世は一九九四年、ジャック・ドゥロール欧州委員会委員長（当時）と会談を行った。テーマが農産物輸出入に及んだ時のこと、当時EUはトマト産出国のスペインとイタリアを保護し、モロッコのトマト輸入制限政策をとっていたため（スペインとイタリアで七十万トン、モロッコは十六万トンをEU市場へ出していた）、ハサン二世は苦情を述べた後にこう言っている。「おっしゃる通り。あなた方の抱える問題はよく分かります。しかしモロッコとしてはトマトを輸出できないのであれば、十年後には、テロリストを輸出することになるでしょうね」(9)

そのまさに十年後の二〇〇四年三月、マドリッドの鉄道で爆破事件が起き、二百人を越える死亡者、二千人近くの負傷者を出した。それは単なる不吉な偶然の一致なのだろうか。この時、

（9）Omar Sara, 'Hassan II:«Faute d'exporter nos tomates, nous exporterons des terroristes»', *Tel Quel*, 13/06/2016. http://telquel.ma/2016/06/13/hassan-ii-1994-maroc

実行犯で逮捕された者たちはスペイン在住のアル＝カーイダ系とされるモロッコ人たちだった。その後逮捕者たちの一部がモロッコ当局に引き渡され、モロッコで収監されたが、間もなく釈放されていた事実が明るみに出た。被害者遺族たちは真実を求める運動を起こしたものの、何も解明されないまま、雲散霧消し今日に至ってしまっている。

次に現国王ムハンマド六世がテロリストという言葉を用いたのは、二〇〇一年十一月に当時のスペイン外相ジョゼフ・ピケがモロッコを訪問し、国王に謁見した時のことだ。その一ヵ月前にスペインのアンダルシア州で、西サハラの住民投票を求める数々のNGOが約二百の市町村で象徴的な住民投票を組織し、西サハラの独立をスペイン市民に問うた。投票結果は「独立」だった。こんな市民活動や、国連安全保障理事会と総会の決議における当時のスペイン政府の姿勢がモロッコの不満を買っていたため、スペイン外相は謁見に臨んだ国王から一時間に渡って小言を聞かされる羽目になった。そしてその締めくくりにムハンマド六世は、スペインはこれまでイスラーム原理主義テロリストの被害に遭ったことがないものの、将来その可能性がなきにしもあらず、と付け加えた。[10] 前述の列車爆破事件が起きるのは、それから二年余り後のことだ。

二〇一七年には、カタルニャ地方のバルセロナとレウスで襲撃事件が起きた。この事件の主犯格となったモロッコ人は、事件前に爆発物製造中に事故死している。この人物は数年前からベルギー、フランスへ移動しては準備を進めていたらしく、事件後のスペイン報道ではモロッコ諜報部との関係が浮上したものの、マドリッド列車爆破の時と同様、その後報道は尻切れトンボのまま消えてしまった。

海外の研究者や報道関係者の中には、モロッコ当局は自国出身のイスラーム原理主義テロリストの動きを把握し、間接的に動かせるような駒を持っているのではないかと疑惑の目で見る人々もいる。しかし『裸の王様』のように「この王さまは裸だ」（この場合は「裸」ではなく「テロリスト」の元締めだが）とは誰も言えないのだ。

こうしたモロッコの「脅し」外交は今のところ効力を発揮し続け、欧州委員会はそんな相手国との関係維持にひた向きになっている。欧州司法裁判所が、西サハラの天然資源を含めたEU・モロッコ協定は違法であると判決をくだした現在、いかにして法の目をかいくぐって協定内容を維持するか、欧州委員会にとってはこれが死活問題になってしまった。

(10) Casimiro Garcia-Abadillo, 'Mohamed VI a Piqué: España, de momento, no tiene problema de terrorismo islámico', *El Mundo*, 13/09/2004.

第四節　棄民のその後

国の恥

モロッコの首都ラバトの国会議事堂近くには、毎日五、六人のモロッコ人男性が横断幕を持って立っている。幕には「私たちがここにいるのは、まだ約束が果たされていないためです」と書かれている。かつて前線へ送られ、ポリサリオ戦線の捕虜となり、夢にまでみた祖国へ帰還したものの、そこで待ちうけていた冷酷で理不尽な処遇に対して抗議を続けている人々だ。

ラバトの国会前に立つモロッコ兵元捕虜
Saharaui...On_line http://salekali.blogspot.com

モロッコでは一九九九年に国王ハサン二世が死亡し、後継者のムハンマド六世が国王となった。二〇〇〇年、戴冠して間もない国王は、ポリサリオ戦線から解放されて帰還した捕虜たちを訪問し、その模様はテレビで大々的に報じられた。兵士たちはやっと悪夢が終わると歓喜し、「貧者の国王」と呼ばれていたムハンマド六世が、真っ当な補償を実現してくれるに違いないと期待した。当時ムハンマド六世は、「鉛の時代」に恐れられた父王のイメージを払拭し、自らを庶民的な国王として印象づけるために、福祉施設や社会の底辺部にある人々を訪問していた。マスコミは一斉に「貧者の国王」

と呼んで、若い国王を持ち上げた。しかし、これら元捕虜たちの場合は、国王の訪問後、待てど暮らせど何の恩恵も下りなかった。彼らは正当な補償を受けるどころか、マスコミからももはや触れるべきではない問題、まるで国の恥であるかのような扱いを受けているのだ。

二〇〇六年には退役軍人のテルフザーズ大佐が、仲間たちの悲惨な境遇を見るに見かね、王国軍の最高指揮官であるムハンマド六世に手紙を宛てた。元捕虜たちが置かれた現実を直々に訴えたのだ。ところが、あろうことか大佐は裁判にかけられ、国家治安侵害罪で十二年の禁固刑を言い渡されてしまった。

自決権を支持するモロッコの少数派

「貧者の国王」は、父王の残虐極まる方策は継承しなかったが、その他の点では図太く後を継いでいる。王室の周りに一握りの政財界人、軍人を集め、決定権はすべて国王が握って国家を運営するという前時代的な体制だ。このような非民主的体制の下にあっても、西サハラ人民の民族自決権を支持するモロッコ人は少数派ながら存在する。

「民主主義の道」[11]という小規模の左翼政党、そして「モロッコ人権協会」[12]という人権問題を

(11) La voie démocratique, 一九九五年結成。
(12) AMDH (Association marocaine des droits humains) 一九七九年設立。

粘り強く闘い続けているNGOだ。このNGOは、モロッコ国内で行われるサハラーウィ活動家の裁判に弁護士を送るなどの支援もしている。

また少々変わったところでは、王室にも一人いる。ムハンマド六世の従兄、王位継承権四位のヒシャーム王子（一九六四－）で、革新的な考え方を持つところから「赤い王子」と呼ばれる。現王室との折り合いはよくなく、米国に亡命同然の生活で、スタンフォード大学の中東研究者として活躍している。ヒシャーム王子はフランスの日刊紙ル＝モンドのインタヴューで、西サハラに関し、「モロッコが民主化すれば、西サハラ紛争に解決をもたらすでしょう、とだけ言って、その先は止めておきます。というのも、もし〈民族自決権〉を口にすれば、私は〈祖国の裏切り者〉扱いされてしまいますからね」と自身の立場をほのめかしている。[13]

以上、本章では、占領国モロッコの外交舞台の裏側を覗いた。相手の弱みを突き止めて利用する戦術は、外交分野だけではない。占領支配の政策にも、これが用いられている。次章ではモロッコによる西サハラ占領の実態と、占領下におけるサハラーウィの抵抗を見てゆく。

(13) Isabelle Maudraud, 'Le règne de Mohammed VI, «un rendez-vous raté avec l' Histoire»', *Le monde*, 04/04/2014.

第四章 占領支配下の西サハラ
――グデイム・イジーク抗議テント村

一九九〇年代初頭に、ハサン二世の手段を選ばない弾圧政策が国際世論の指弾を浴びて、「鉛の時代」も終息しかけた頃、国連では西サハラをめぐる和平案が誕生した。占領を生きるサハラーウィにとって、長かった暗いトンネルの向こうに光が射した時だ。しかし、その和平は揺らぎ、暗礁に乗り上げてしまい、難民キャンプのサハラーウィ同様、占領地のサハラーウィも失望と期待を合わせ抱いて生きていくことになる。難民キャンプでは、キャンプに生まれ、キャンプ生活しか知らない世代が登場していくように、占領地でも、占領しか知らない世代が登場する。本章では、占領を生きるサハラーウィの抵抗と抗議にスポットを当てる。

第一節　街頭運動と潜在する怯え

占領下で消息不明となっていたサハラーウィたちの一部が一九九一年に解放され、外国の人権団体やジャーナリストとの接触が次第に可能になり、そして何より、国連が西サハラ人民の将来を約束した。このことが占領下に生まれ育った若者たちに、恐怖心を捨てさせた。難民キャンプのサハラーウィが、砂漠の果てにいながらも祖国解放を求める声を上げることができ、また外国の支援者たちの訪問も受けた一方で、モロッコ占領下に暮らすサハラーウィは、外部とのコンタクトは困難で、閉塞状況に置かれていた。ところが、世界から見捨てられているに等しかったこの占領地で、国連和平案を機に、今自分たちには国際社会からの視線が注がれているという確信が生まれたのだ。

占領下に生まれ、占領しか知らない若者たちが、二〇〇五年頃から街頭に出て、独立や占領拒否を叫び始めた。またモロッコのアガディールやマラケシュの大学に在籍するサハラーウィの学生たちが、大学構内で占領に抗議するアクションを組織したりした。

それはちょうど、携帯電話やインターネットといった情報手段が普及し始めた時期と重なり、若者たちは、それまでとは違って、自分たちの行動を外国に訴えることが可能になった。ヨーロッパの西サハラ支援団体には、エル＝アイウン、スマーラ、ダーフラそしてブージュドゥールといった占領下の町から、抵抗運動とモロッコ当局の武力弾圧のもようを伝える短信が届くようになった。ただし、逮捕者には不当な監禁と裁判が繰り返されるという、従来の弾圧の筋書きには変わりなかった。

一九九九年七月、ムハンマド六世は即位すると同時に、父王の「鉛の時代」のイメージを払拭し、新時代の幕開けを印象づけようと意図した。二〇〇四年にはモロッコ政府のイニシアチヴで公正和解委員会が発足し、前王時代の人権問題の被害者や遺族に、復権と補償が約束された。しかしサハラーウィの案件は、モロッコ人のそれとは同等には処理されず、補償金を受け取る場合には、真実解明を求める権利を放棄しなければならなかった。それどころか、真実解明を求めても、虚偽の回答で誤魔化されていたケースさえあったことが後に判明した。

それが発覚したのは、バスク地方（スペイン）の専門家調査団が、サハラーウィの証言を元に現地探査に乗り出したからだ。占領地で真実解明を求めたあるサハラーウィ家族は、一九七六年以来父親が消息不明となっていた。これに対して、公正和解委員会は、犠牲者はスマーラの刑務所で死亡し埋葬されたと回答していた。バスクの調査団は、もちろんのことモロッコに占領された地域には入れないが、難民キャンプのサハラーウィの証言を拠り所に、解放区内で発掘作業を試みた。すると占領下のスマーラの刑務所で埋葬されたはずの消息不明者の遺骸が、

2013年6月、チーファーリーチー西方約50kmの地点における
バスク調査団発掘作業。*Poemario por un Sahara Libre*

解放区で発掘されたのだった。一九七六年当時、子供だったサハラーウィの証言によると、遊牧中の成人男性たちがモロッコ軍に拘束され、その場で銃殺されたというのが真相だった[1]。

「鉛の時代」後も続く怯え

二〇〇七年に私はスペイン人の仲間三人と、モロッコから陸路で、占領下の西サハラに入り、その中心都市であるエル＝アイウンを訪れた。町中どこにでも、国王の肖像とモロッコ国旗が飾られている。説明によると、モロッコの祝日と政府要人の公式訪問時にはこの二つを飾ることが義務付けられている。人々がそれ以外の日にも飾ったままにしているのは、何か起きた時に、飾りがないために「聖なる王国を侮辱」などという因縁を付けられるのを避けるためだそうだ。

エル＝アイウンでの第一夜は、占領という屈辱に塗られた町から離れて、海辺に宿をとることにした。ところがここで私たちを待ち受けていたのは、占領のもう一つの顔だった。あるホテルからサハラーウィの民族音楽が聞こえてきたため、好奇心をそそられた私たちは、その会場へと階段を上ってみた。そこは音楽と踊りで盛り上がっている最中で、踊っていたのはサハラーウィたちと外国人だ。何も知らないツーリストの振りをして話を拾い集めたところ、外国人一行は米国の医療ＮＧＯ、サハラーウィ側はバシール・エドヒルを会長にしたＮＧＯ「オルタ・フォーラム」のメンバーたちという。この人物はかつて難民キャンプにいたが、モロッコに寝返り、モロッコ領サハラ自治案の看板を掛けて歩くポリサリオ戦線元メンバーだ。

モロッコは外国人医療団を招いて活動を行わせることで、海外（この場合は米国）に西サハラがモロッコ領であると「認識」させ、その一方で、医療奉仕に与るサハラーウィ住民に対しては自治案の宣伝になるという仕組みだ。

ところがこの盛り上がった雰囲気の中で、サハラーウィの民族衣装メラフファをまとった女性が二人、私たちに近づいて挨拶をした。こちらがスペイン語を話し、部外者であるかどうかをしっかり確かめると、その一人が小声で堰を切ったように喋りだした。

この女性は八十年代に、スペイン文化サークルを結成しようとした、単にそれだけのために逮捕され、投獄された経験をもっていた。緊張のせいか時々ことばを詰まらせ、投獄された自分の過去、自由への渇きを語り続ける。ぴったり寄り添ったもう一人の女性から「言葉に注意

（1）Juan Miguel Baquero, 'Los desaparecidos del desierto', *La Marea*(digital), 16/04/2017.

するように」と促される度に頷いてはいたが、彼女の言葉は止まらなかった。「オルタ・フォーラム」の活動も、彼女の自主的選択ではなく、断ればどんな目に遭うか分からないために参加しているのだった。

窒息状態を生きる彼女たちには、私たち外部の人間が小さな空気穴のように映ったのだろう。そして私たちからさほど離れていない処には、さきほどから空っぽの盆を持って会場をうろついていた男性が立っていた。給仕係の格好をした私服刑事だ。たとえ親モロッコのNGOであっても、好ましからぬ言動に出る者がいるかもしれない。いやむしろ当局は、このNGOのメンバーたちが本人の自由意思とはほど遠く、半強制的に活動させられていることを知っているからこそ、監視の目を光らせるのだ。

国王が変わり、新しいページが開かれてもなお胸の奥に宿っている怯え、これを国王や為政者たちが知らないわけはない。モロッコは新しい時代に入っても、民衆の内奥に潜在化している怯えを巧みに利用する。ただしその一方では、怯えの壁を打ち破るサハラーウィが出現してゆく。

第二節　「アラブの春」を先駆けた七千基のテント

二万人のサハラーウィの声

ヨーロッパでは一九七六年以来、毎年どこかの都市で「西サハラ人民の支援と連携のための欧州会議」EUCOCO（European Conference of Coordination and Support to the Sahrawi People）が開催されているが、二〇一四年十一月の第三十九回の会議に、米国の言語学者ノーム・チョムスキーが連帯の手紙を寄せ、その中で「アラブの春は西サハラで始まった」と述べている(2)。これは二〇一〇年十月、占領下の西サハラで、およそ一ヵ月続いた抗議キャンプ村のことを指していた。

この年の十月九日、海外で受信される西サハラ関係のニュース配信メールの中に「エル＝アイウン郊外にテントを張り始めた人たちがいる」という短い情報が届いた。ところが場所がエル＝アイウンから十五キロメートル離れたグデイム・イジークと呼ばれる地点であること以外、一体どういった人たちが、何のためにテントを張っているの

グデイム・イジークのキャンプ
Poemario por un Sahara Libra

（2）チョムスキーが最初にこの言句を発したのは、二〇一一年三月二十八日フランス・アンテール放送のインタヴューにおいてだった。

か、誰にも全く分からない。その後刻々と届く情報は、そこで膨れ上がるテントの数だけだ。まさに雨後のタケノコのように増えていったテントは、瞬く間に数百基に達した。するとそこから、サハラーウィの声が聞こえてきた。「私たちは自分の国にいながら、二級市民でしかありません」「人間としての尊厳が踏みにじられています」

三十五年間、占領下で社会的に不当な扱いを受けながら生きてきたサハラーウィが、まずは職や住居を求める声を上げげた。次にテントの数が四桁に達する頃には、西サハラの天然資源の略奪に対する抗議の声も聞こえてきた。しかしそこでは、二十四時間ひっきりなしに、モロッコ治安部隊のヘリコプターがテント群の上を舞い、夜中にはテントすれすれに低空飛行して人々の安眠を妨害し、あるいは当局からの回し者がキャンプに潜り込んでケンカを売り、騒ぎを仕掛けたこともあった。

やがて軍隊と治安部隊がテント村を包囲するに及び、村がおよそ七千基のテントを数えた頃には、加えて土塀も作られ、人々の出入りを制限し始めた。またスマーラなど他の町からグデイム・イジークに向かおうとした住民たちは、行く手を阻まれ、暴行を受けるなどしてテント村には辿り着けなかった。そんな仕打ちに遭った人の証言動画が、当時 youtube にアップされた。

私の名はマー・アル＝アイナイン・ウルド＝ムハンマド・べヌーと言います。エル＝アイウン郊外のキャンプ村に参加しようとして、家族で車を連ねてダーフラを出発しました。私たちの権利を主張するためです。ダーフラの町を出たところで、モロッコの軍隊に道を遮られました。武装した兵士たちは、手に棒を持っていました。私たちは車から下され、棒で叩かれました。私たちは旗［サハラ・アラブ民主共和国の国旗］も持っていないし、相手に対して挑発などしていません。ところが家族のみんなが片端から叩かれて、車の窓ガラスは割られ、女たちはケガをしました。数人が腕を骨折し、一人は目にガラス破片が入ったため、病院に搬送されました。でも、どんなことがあっても私たちは諦めず、前に進もうと心に決めています。

グデイム・イジーク抗議テント村の代表者たちとモロッコ当局間には、幾度か接触が持たれたが、当局側はテントを畳むことを要求し、グデイム・イジーク村側は交渉に入る条件として軍隊の退去と報道管制を解くことを求め、交渉は物別れとなった。それでも、仮初めではあれ、テント村に流れる自由の空気を胸いっぱい吸った二万人のサハラーウィの意思は、崩れなかった。

そんな中で十月二十四日、町から食糧を運んでいた青年たちの車が治安部隊に襲撃され、中

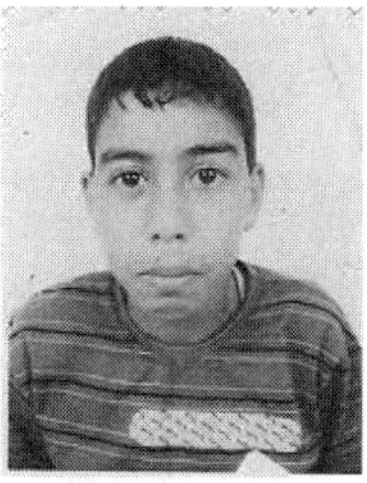

ナジェーム少年
Poemario por un Sahara Libra

にいた十四才のナージェム少年が即死、その兄と仲間たち三名が重傷を負った。それだけではない。モロッコ当局はナージェム少年の死を事故死と発表し、遺体を持ち去り、家族へ引渡すことを拒否し続けたのだ。父親は、当局に息子の遺体の返還を切々と求めたが、叶わなかった。結局二日後の二十六日に父親が呼ばれて赴くと、連れて行かれたのは、一方的に埋葬されたナージェム少年の墓だった。通夜も最後の別れもできなかった母親は、「あの子はこれまで私の子でしたが、これからは人民の子です。こんな不幸に遭うと、私たちの抵抗はさらに強くなります」と語っている。(3)エル＝アイウンに駐在する国連の平和維持部隊、ＭＩＮＵＲＳＯ本部の隊員が抗議キャンプ村の訪問を試みたが、モロッコ当局から拒否されて引き下がり、何もできずに黙視するままだった。

サハラーウィだけの時空

報道関係では、海外から到着するジャーナリストはもちろん、駐ラバトの特派員にさえも西サハラへ赴くための取材許可が下りず、現地報道は不可能な状態になっていた。例えばアル＝ジャジーラ・テレビは、このグデイム・イジークで敷かれた報道管制を問題視するニュースを流したため、モロッコ通信省の命令を受けて、ラバト支局は閉鎖に追い込まれた。

こんな条件にもかかわらず、キャンプ内部に潜入した少数のジャーナリストがいる。彼／彼女らは民族衣装をまとってサハラーウィに変装し、白い肌を隠すためにサンクリームと灰を混ぜて作った塗料を顔や手足に塗って、住民たちに紛れて首尾よくキャンプ村へ辿り着いている。その一人、スペインのエル＝パイス紙のイグナシオ・セムブレロ記者は、キャンプ村が組織化され、人々が秩序ある行動をとっている様に眼を見張った。

若者たちのパトロール、夕暮れ時にゴミを収集して廻る四輪駆動車、そして女性看護師が一人で運営する仮の診療所まである。数少ない給水車の前には、長い列ができている。「水は足りないよ。長い列に並ばなきゃならないのは不便だけど、でもみんな満足している」と答える少年は、記者に微笑みとVサインを送った[4]。

たとえ空間に限りはあっても、そこにはサハラーウィしかいない。七千基のテントが林立する、占領地の中の解放区、聞こえてくる言葉はモロッコ方言ではなく、サハラーウィの母語のハサニーヤだけ。ここでサハラーウィが吸った空気は、占領下で誰もが胸底にしまっている夢の空気だろう。

（3）Laura Gallego, 'Antes era mi hijo, ahora lo es del pueblo', *Guinguinbali,* 25/10/2010.
（4）Ignacio Cembrero, 'Siete mil jaimas contra Marruecos', *El Pais,* 01/11/2011.

抗議村は、四十才以下のサハラーウィ九名で構成された調整委員会が運営した。九名のうち誰一人として、これまでに抗議運動に参加した経験はなく、この「素人」集団は十八ヵ月前から、キャンプ抗議村計画を密かに準備した。

それにしても、七千基という規模のテントで二万人が暮らしていけるのは、サハラーウィならではのことだ。遊牧民のころから受け継がれた精神、もう一方で難民となったサハラーウィが、かつてチンドゥーフにキャンプを築いた時にも発揮されたトゥイサ（協同作業）の精神が、グデイム・イジークのキャンプ村を支えたに違いない。

週末になると、町で働く人々が家族に合流するために押し寄せる。エル＝アイウンからスマーラへ行く街道口には、数本のパンを小脇に抱え、水の入った容器を下げてヒッチハイクをするサハラーウィも立っていた。誰もがこのまたとない貴重な機会を逃すまいと、キャンプ村に駆けつける。ヨーロッパで移民労働者として働きながら、その職場を辞めてキャンプ村に参加したサハラーウィもいたほどだ。

抗議村の壊滅

グデイム・イジーク抗議キャンプ村誕生から一ヵ月近い日がたった十一月四日、キャンプ村で住民の大集会が開かれた。度重なるモロッコ当局との交渉、ムハンマド六世宛ての何通もの書簡などの試みに対して、モロッコ側からは信頼に値する回答は何ら得られないままだった。集会では、「今日、独立という言葉の下に、西サハラの隅から隅までが一つになっていることが明らかだ」という言葉で始まる声明が読み上げられた。モロッコ当局と交渉の場に就く姿勢に変わりはないが、北はゲルミン（サハラーウィ・コミュニティのあるモロッコ南部の町）から、南はラグエイラ（西サハラ南部でモーリタニア国境の町）に至る西サハラ人民には民族自決の権利があると、声明は高らかに宣言していた。さらに欧州連合（EU）に向かって、モロッコとの協定の下に行われる天然資源の略奪を止めるように求め、西サハラ問題に対する国際社会や国連からの真摯な介入を求めていた。

2010年11月4日、グデイム・イジークの人民集会
Poemario por un Sahara Libra

グデイム・イジーク村のコミュニケ発表から二日後の十一月六日、「緑の行進」を記念して毎年行われるモロッコ国王のテレビ演説が行われた。例年の国威発揚に加えて、この年の演説には「防衛ラインの東側」つまり砂の壁の東側、占領されていない西サハラに言及し、その東方にいるサハラーウィ難民を指して「チン

ドゥーフで表現の自由、移動の自由をはじめとした基本的人権を奪われている忠実な臣民が母なる祖国へ戻るためには、いかなる努力をも惜しまない」とあった。

国王の目には、難民キャンプにいるサハラーウィたちは、自らの意思で占領支配を逃れた人々ではなく、一握りの分離主義者たちの手中にある人質なのだ。従って、国王にとって、グデイム・イジーク村で抗議する人々は分離主義者に扇動され、あるいは強制的に囲い込まれた「臣民」で、いかなる手段を用いてもこれを解体せねばならなかった。

壊滅される抗議村、2010年11月8日。
Poemario por un Sahara Libra

こうして翌々日の八日未明、グデイム・イジーク・キャンプ村の上を数機のヘリコプターが旋回し、地上ではモロッコの治安部隊がスピーカーで住民に帰宅を呼びかけ始めた。十名ほどの女性が幼子を連れてテントを後にし、用意されたバスに乗り込むやいなや、たちまち放水がテントをなぎ倒した。催涙ガスの煙幕とゴム弾の発砲に見舞われて、大勢の人々が村から叩き出された。若者たちは抵抗したが、テントは焼き打ちに遭ったり、トラックで轢き潰されたりで、守り抜く術はまったくなかった。こうしてほとんどの人々は、十五キロメートルの砂漠を徒歩でエル=アイウンに戻った。

一方、この知らせを受けたエル＝アイウンのサハラーウィ住民たちが、救援の手を差し伸べるために町を出ようとしたが、軍と治安部隊が完全に道を通行止めにしたため、誰もグデイム・イジークに向かうことはできなかった。これに憤った住民たちはバリケードを築き、タイヤを積んでこれに火をつけた。そして催涙ガスとゴム弾で攻撃する当局部隊に、住民は投石と火炎ビンで対峙した。午後に入るとグデイム・イジークから辿り着いた青年たちがこの衝突に加わり、当局が動員したバルタジーヤと呼ばれる御用チンピラ集団がサハラーウィ住民の車や住居を襲撃して、エル＝アイウンの町は前例を見ない騒乱状態に陥った。

夜間外出禁止令が出され、モロッコ当局は治安部隊、警察部隊に五名の死亡者が出たと発表。サハラーウィ側は死亡者、負傷者ともに被害者人数がつかめない状況だった。一つには、病院へ行けば身柄を当局の手に渡される可能性があるので、病院には行かないサハラーウィが多かったためだ。逮捕者数は、およそ二百名だった。

一方、報道関係者には徹底的に規制が敷かれた。外国人ジャーナリストは空路でも海路でも現地入りすることはできず、陸路はモロッコ南部のタンタンの検問所で、ありとあらゆる外国人を対象にした通行拒否体制が敷かれた。

ヨーロッパの都市、マドリッド、ローマ、パリ、ロンドンではモロッコ大使館前に人々が集まり抗議行動が繰り広げられた。

グデイム・イジーク抗議キャンプ村にはサハラーウィたちに混じって外国人の支援者もいた。その一人、スペインNGO「サウラ」（アラビア語で「革命」の意）のメンバー、シルビア・ガルシアさんがキャンプ村攻撃の日から一週間綴った日記が、十一月十五日付でスペインの日刊紙エル＝ムンドに掲載されている。

十一月八日月曜　朝五時。眠れない。数時間前から、モロッコ警察がグデイム・イジーク村の襲撃態勢に入っているという噂が流れている。神経が張り詰めて、眠れない。

私は二週間前にここにやって来た。仲間のハビエル・ソペニャは一ヵ月前からここにいる。私たちは西サハラ支援団体「サウラ」のメンバーで、ここには他にイサベル・テラサとメキシコ人アントニオ・ベラスケスがいる。彼らは「サハラ・レジスタンス・グループ」という団体のメンバーだ。

突然、未明の静寂が破られた。誰かがキャンプ村の警報を鳴らしたのだ。すぐにテントの外へ出た。数十台のライトバンのエンジン音が、暗闇の中から響いてくる。どうやらキャンプ村を囲んでいる気配だ。私は近くの小さな小屋の上に上って、映像カメラをオンにした。

グデイム・イジークの上空を飛ぶヘリコプターがサイレンを鳴らし、スピーカーはテントを出てゆくようにと言っている。警察の車両にライトが点き、サイレンが鳴る。威嚇するようなその音が、耳を聾する。次第に軍団のようなシルエットが浮かび上がってくる。ヘルメット、盾、警棒、軽機関銃……するとニ百名はいる重装備のモロッコの機動隊が現れる。テントを倒し、力ずくで住民を追い出している。私のいる小屋に向かって石が飛んでくる。下りねばならない。女性たちが走っている、叫んだり、泣いたりしながら。催涙ガスが放たれたのだ。私も目が充血して、顔が熱い。息ができない。

サハラーウィの友人が、催涙ガスの痛みを和らげるために、玉ねぎとオーデコロンをくれる。私は恐怖に襲われた。車で逃げ去るサハラーウィたちの日用品を、モロッコ機動隊員がバカ笑いしながら盗み取るのを見た時は、もう泣き出しそうになった。すぐ傍では、手錠をかけられた若者たちグループが、両膝を、両手を、頭を殴打されている……滅多打ちに遭って気を失いそうになっている者もいる。

私は夢中で走り出す。頭を割られ、負傷して血だらけになった人たちがいる。どこでこうなったのか、私のメラフファも血だらけだ。逃げ込んだところは、羊飼いの家だった。中には既に五十人近い女性と十人の若者、十数人の子供と車いすの少年がいた。みんなで扉の後ろに杭を打って襲撃に備えた。が、焼け石に水だ。窓ガラスが割られ、私たちは投石に晒された。

外へ出ると、十数名の機動隊に迎えられた。誰もが殴られる。若者たちは一人ずつ家から出され、全員が地面に突き倒され、それを二十人以上の機動隊が蹴りまくった。そして彼らの意識が朦朧となったところで車に乗せて、連れ去った。私たち女子供は軍隊に囲まれていた。グデイム・イジーク最後の人間だった。

辺りはおぞましい光景だ。キャンプ村は灰と化していた。殺戮だ！　いくつかのテントはまだ炎を上げ続けている。ロードローラーで潰されたテントもある。三時間で、二万人の住民の村を壊してしまった。砂漠を歩いてゆく。エル＝アイウンに着くのは何時ごろだろうか。仲間のハビエルはどうしているだろう。

火曜　モロッコはエル＝アイウンに夜間外出禁止令を出した。家から出れば殺されると警告された。私は町中のとある場所に避難している。安全のため、他のスペイン人たちにも、どこにいるかは言えない、私も彼らの居場所を尋ねたりできない。

外国人の出入りが禁止されている町で、私たちだけが殺戮の証人、レポーターになった。私たちがここにいることは、モロッコの隠蔽戦略にとって邪魔になる。私たちを探していることは確かだ。身の危険を感じる。相手は私たちを追放する気なのか、殺す気なのか分からない。グデイム・イジークから逃げてくる途中で、たくさんの家族が離れ離れになってしまっている。自分の子がどこにいるのか分かっていても、母親は迎えにも出ていけない。

水曜　隠れ家から出ることはできないが、飛び交う情報によれば町はひどい有様らしい。モロッコ当局は、誰であろうとグデイム・イジークに近寄ることを禁じている。キャンプ村があったところには、集団墓地ができて何人もの遺体が埋められたと言われている。少なくとも女性が十八人、男性七人、それに七才の子供が一人と。また川の近くの井戸にも……。一体何人の人が死んだのだろう。モロッコ当局の部隊は、家々を襲い、サハラーウィ男性や女性を連行している。そのやり口の凶暴さは、筆舌に尽くせない。住民は逮捕を免れるために、一日に数回居場所を変えるなどしている。

木曜　軍隊が町に駐屯して、空港や病院などの要所を監視している。モロッコ人入植者は、ナイフや小斧を手にして町をパトロールしている。たくさんのサハラーウィたちが、病院や警察署などへ足を運んでは絶望的になって家族を探し回っている。兵舎や刑務所前で、当局部隊と揉み合う人たちもいる。連行が止まない以上、行方不明者の数は増えるばかりだ。私にも順番が回ってくるのではないかと恐ろしく、隠れ家を変える。

金曜　今朝、インターネット接続ができて、マドリッドの「サウラ」の仲間たちとコンタクトが取れた。携帯電話を使うのは、居場所を突き止められそうで、怖い。警察隊がこの隠れ家の傍にまで来ていることが分かったので、場所を変える。あちこちに警官がいてエル＝アイウンの町中を移動するのは至難の業だ。通行車両は片っ端から止められる。自分の身がどうなるか怖いが、私に同伴してくれるサハラーウィのことも心配でならない。警察の車が十数台、警察署を出て北へと向かったという情報がある。どうやら逮捕者たちをモロッコ国内に移送しているようだ。私の家族は心配して帰国するよう求めているが、書類は全部グデイム・イジークの襲撃で紛失してしまった。それにここで起きていることを、誰かが伝えなければならない(5)。

抗議の代価

グデイム・イジークにテントを張った人々は、自分たちの国が隣国に占領されて以来、この三十五年間、職場で、学校で、役所で、あるいは病院で、さらには道端で日常的に差別され、屈辱を味わってきた。自分たちの国にいながら、どうしてこんな目に遭わねばならないのかと歯を食いしばってきた人たちだ。占領者に服従しない態度をとったために、あるいは自由を希求する声を洩らしたために、連行され、行方が判らなくなったサハラーウィは、一九九〇年の時点で少なくとも八二六人いた。幽閉牢などに閉じ込められていた三百人が一九九一年にハサン二世により解放され、ムハンマド六世の時代になって二〇〇一年に百二十五人が解放されたが、他の者たちの消息はいまだ不明のままだ。

西サハラでは、自分の親戚家族の中に、不当に逮捕されたことのある者や消息不明となった者がいない家族はないと言われる。さらには、占領当局のこうした仕打ちに遭った者たちが解放されて戻ってきても、その精神や肉体は尋問や拷問の痕を留めている。そんな現実を抱えて生きる人々なら、もうこれ以上の苦しみが家族に降りかからないようにと、おのずと口を閉ざすのは当然だ。それにサハラーウィが占領当局と入植者たちに奪われているのは、声や生活だけではない。自分たちの国の大地や海が宿す天然資源も、貪られ続けている。

グデイム・イジーク抗議キャンプ村では、日数をかけて、サハラーウィは自分たちの声を、それも呑むには容易い要求の声を掲げて、占領者がそれを聞く耳を持っているかどうか、ここに賭けてみた。二〇〇五年以来、占領地では若い男女を中心にした示威行動が起きているが、その度に警察、治安部隊の弾圧を受け、逮捕者、負傷者そして死者を出している。そうしたデモでは西サハラ国旗が手にされ、占領反対、住民投票や独立を求める声が上がる。しかしグデイム・イジーク抗議村の声は当初、戦術として政治色のない社会的、経済的な、いわばレベル

（5）Silvia Garcia, 'Diario de Silvia Garcia', *El Mundo*, 15/11/2010.「サウラ」のメンバー二人は十一月十四日夜にスペインに帰国した。

を落とした声だった。それだからこそ当局も通常の野蛮な手段を行使できず、抗議キャンプ村は一ヵ月生き延びられたのだろう。つまりキャンプ村誕生の頃、もしテントの頭にサハラ・アラブ民主共和国の国旗が掲揚されていようものなら、たちまち叩き潰されていたことは明らかなのだ。

しかし、結局のところ占領者の回答はまったく同じだった。テントを畳み服従を続けろ、と命じるのみ。一ヵ月という時間をかけて、要求レベルを落とした声でも、回答は同じだったのだ。さらにはこの回答に続編があり、やがて占領者の腹の内を見事に見せつけることになる。

グデイム・イジーク抗議村壊滅の日に逮捕されたサハラーウィたちの一部は、日を経るにつれ次第に釈放されて行ったが、拘束中は誰もが拷問を受けた。そして拘束を解かれる前に、ある書類に、それに目を通すことも許されずに、署名を強制されている。その一人、アフメド・サーレム・ルクアーラ（35才）さんはこう証言している。

私はスペイン国籍を持っていて、ラス＝パルマス［カナリア諸島］で働いています。十一月七日に家族のいるエル＝アイウンに着きました。ところが翌日街角で、車を焼かれ［この日あちこちでバルタジーヤが通行車両を止め、国王万歳を叫ぶように命じ、叫ばなければ暴力行為を加えた］、その挙句に警察に逮捕されました。五日間拘束されましたが、その間に拷問を受けました。警棒でさんざん殴打され、手を背中で縛られて逆さまに吊るされました。五日目に書類が用意され、サインをすれば釈放されると言われ、書類は読ませてもらえませんでしたが、家に帰りたい一心でサインをしました。スペイン人の役人が車で迎えに来てくれて、病院に連れて行くと言ってくれましたが、何をされるか分からないので断りました。(6)

ルクアーラさんがサインをした書類の内容は、おそらく、拘束期間中はまともな待遇を受け、肉体的にも精神的にも暴力は一切受けなかったという類だったに違いない。ルクアーラさんの場合は、スペイン国籍保持者であったために、彼の行方を探すスペインのＮＧＯがスペイン当局に連絡を入れ、そこからモロッコ当局に連絡が入ったことが幸いして、五日間で身を解かれた。しかしエル＝アイウンのサハラーウィ住民にとって十一月八日以降の数週間は、恐怖に包まれた日々だった。

モロッコは、一ヵ月以上に渡って外国の報道機関に西サハラへのアクセスを禁じたため、海外では批判の声が高まっていった。この国際世論のプレッシャーをかわすため、一旦エル＝アイウンの町を鎮圧したとみた当局は、この間強制送還などに処したジャーナリストの出身国に対して、いくつかの新聞社に「招待状」を送った。とはいっても、件のモロッコ通信省発行の

(6) *Resistencia Saharaui* www.facebook.com/ResistensiaSaharaui 15/11/2010.

取材許可書が下りたのではない。エル＝アイウンに入ることはできるが、その後は記者の動き方次第という仕掛けだ。
この「招待」で現地入りしたスペインの日刊紙エル＝ムンドのアナ・ロメロ記者は、記事の送信を見事に妨害されたため、デジタル紙面で読者の質問に答えるチャット方式を併用して十一月二十八日現在の状況を伝えた。

——アナさん、こんにちは。エル＝アイウンで貴方が接触できたサハラーウィは、どう考えていますか。少しでも満足ゆく解決があるだろうと希望を抱いていますか。私は現地に友人がいるのですが、ご存知のように相手が危険な目に遭うかもしれないので、電話もかけられません。お返事、よろしくお願いします。

アナ　サハラーウィ住民は、非常に、非常に、落ち込んで、絶望感に捉われています。私が一番耳にした言葉は、「我々を助けられるのは神のみ、我々は神の御手の中にいる」です。国際社会は自分たちの問題をまったく重大な紛争として扱わないと感じ、そう思い込んでいます。一般のスペイン人に対してはとても親近感をもっていて、それはあちこちで見受けられます。
その上ここでは、スペイン語は事実上消しやられているにもかかわらず、住民たちは自分の知っている単語を駆使して、何とかスペイン語で話そうとします。親近感があるのです。ですが、スペイン政府には自分たちを助ける意向はまったくないと分かっています。現在の状況が長いこと続くだろうと考えています。真実が浮上するには、まだ時間がかかると考えています。

将来に対してどんな希望も持っていません。ただ生き延びることに尽きるのです。私が非常に気にかかったのは、学校に行かずに家にいる子供たちが大勢いることです。小学校は満杯なのです。それで、信じられないようなことですが、交代制で学校へ行くのです。席がないからです。サハラーウィ住民は、教育と保健の面で苦汁をなめさせられています。ですから将来に対しては、大きな絶望しかありません。

彼らのためのものは、何もありません。勉強を続けたくても、大学はここにはありません。モロッコ国家次第です。その国家はここの町に非常に大きな投資をしましたが、サハラーウィ住民とは対立関係にあります。サハラーウィ住民とモロッコ住民に対する扱いは、はっきりと違っていますから。

――ポリサリオ戦線やサハラーウィ支援者たちが伝えている消息不明者について、何か情報をお持ちですか。

アナ　私の手元にある一番新しい情報では、六十人です。その中には、モロッコは否定していますが、三十七名の遺体も含まれているのではないかと思います。

私はエル＝アイウンのヘルムース知事に先ほど会いましたが、消息不明者は一人もいないとその存在を否定しています。それほど多くの消息不明者が出ていれば、当局がそれを知らないはずはないと言います。

私個人としては、本紙エル＝ムンドに掲載した看護師ジャスーディのケースを知っています。彼はテント村襲撃のあった八日に消息不明になりました。私は運良くも彼の家族に話を聞くことができたのですが、負傷して軍病院に入れられているに違いないと家族は思っています。家の中で書類を見せてくれました。私が軍病院へ行きましょうと頼んで、一緒に病院を訪ねてみましたが、門の内側には入れてもらえませんでした。日曜日に、どれが死体安置所の建物で、どれが病棟かを教えてもらいました。でも水曜日に行くと、入れてもらえませんでした。堂々巡りするばかりです。

私に情報をくれた家族は取り調べを受けました。私は四六時中、私服警察に尾行されています。当局によると、これは私の身の安全のためだそうです。私と話を交わしたサハラーウィ家族は、直ちにマークされます。ジャスーディの件を話してくれた女性は、敢えてその危険を冒してくれたのです。

――実際に起きているのはどんなことでしょうか。モロッコはサハラーウィ住民に暴力行為を行っていますか。

アナ　モロッコが今回の騒乱の主役であることは明らかです。テントの中で眠っていた二万人の人々に対して、突然攻撃をかけたのですから。

この日キャンプ村ではあらゆることが為されました。暴力行為以外の何ものでもありません。その後、エル＝アイウンで起きたことは、紛うことなく防衛手段からと言えることです。警察当局と住民は衝突しました。また、証言によれば、それに続く日々も暴力行為があったのです。さらには、入植者たちの暴力がここに追加されました、モロッコ政府が住民人口の割合を加減するために、モロッコの北部から移住させたモロッコ人のことです。モロッコ警察がこれらの入植者たちを守っていることは疑いの余地なく、彼らはサハラーウィの家々に押し入り、家財を破壊していきました。私は破壊の跡を見ましたし、写真にも撮りました。これが暴力行為でなくて何でしょう。確かにその後、モロッコ人役人が被害に遭った家々を訪れて、弁償金を渡したりしました。私が話を聞いた女性には二千ディルハム［およそ二万二千円］を差し出したそうですが、私が見た被害状況はとてもそんな額で修復できるものではありませんでした。

——こんにちは、エル＝アイウンでは、モロッコ警察の監視を感じますか、邪魔されずに仕事ができますか。よろしく。

アナ　私は常に監視されています。滞在先のホテルでも監視されています。ホテルを出れば私服が尾行します。私が車に乗れば、私服が二、三人乗った車か、一人乗りバイクが尾行します。

私が行う通信もまた、監視されています。到着した翌日の日曜、グーグル文書で記事を送ろうとした時のことですが、五千五百ワードを書いたところで、送信しようとしたその時、英語で「他人が貴方の文書にアクセスしています」というメッセージが表示されました。そしてたちまち記事の四分の三が消去されてしまいました。

これはショックでした。仕事ができないのですから。しかしそれよりも、常に監視付きの私に話をしてくれるサハラーウィたちは、その後存在が脅かされてしまうので、これが仕事上難しいところです。それで私が手にできる証言というのは、私と話したところで、もう失うものは何もないという人たちに限られてしまいます。

情報を入手する方法は他にもありますが、それはスペインに戻ってから語ることにしましょう。いや、手を貸してくれた人たちを危険に晒さないために、やはり語らないほうがいいでしょう。どのつまり、ここで仕事をするには、周到な工夫をこらさないといけないのです。

——モロッコの占領部隊はまだ街角のあちこちに駐屯していますか。

アナ　昨日水曜の早朝、それまで街角にいた準軍事組織の部隊が撤退しました。現在目に入る限りでは、警察部隊が残っています。警察隊を補助するために送られてきていた部隊は、退去しました。ただしモロッコのあらゆる地域からやって来ていたこの部隊が、果たして本来の持ち場に戻ったのか、あるいはエル＝アイウンのどこかに待機させられているのかは疑問です。ここにいる我々、ごく少ない外国人の目には見えないことですから。こうした部隊の退去が始まったのは、ニューヨークタイムズのジャーナリストたち、それに少人数からなる米国外交団一行が到着したこととまさに一致しました。

——ロメロさん、私はモロッコ市民です。まずもって貴方に言いたいことですが、ジャーナリズムでは感情や政治的立場は捨て置いて、より客観的にならなければなりません。そこで私の質問ですが、ポリサリオ派のサハラーウィの居住区を訪問された以外に、自分はモロッコ人だと思っているサハラーウィたち、大半がそうですが、この人たちに話を聞きましたか。

アナ　貴方がポリサリオ派の住民が住むと言われる地区、これを私はむしろエル＝アイウンの貧困地区と呼びますが、この地区を訪ねた以外にも、多くの親モロッコ派サハラーウィの話を聞きました。こうした人々はサハラーウィ民族衣装ドラーアを誇らしげにまとっているので、すぐに見てとれることは貴方もご存知のとおりです。

それにこの人たちと話すのは、私にとって非常に容易いことでした。というのも私のホテルへ出入りしても、彼らは何ら問題がないのです。ところがもう一方のサハラーウィは、ここへ来るのが怖くて、私が訪ねて行かねばなりません。私のホテルに近づくことなど、到底できないでしょう。そんなことはこの人たちにとって不可能なことです。

貴方は親モロッコ派の人々が住民の大半を占めると言われますが、私の見解は逆です。この紛争に関して通説となっている他の事柄と同じように、その割合は間違っています。ある人達はサハラーウィ人口の2パーセントと言います。私には数字を挙げることはできません。ただこの私にも断言できることは、この人たちは、もう一方の人々と比較してかなり安楽な暮らしを送っているということです。生活水準が高く、食糧事情はよく、体つきもりっぱです。もう一方の人たちは、まるで違いますから。(7)

モロッコ当局の底意

グデイム・イジーク抗議キャンプ村が襲撃を受けてから三ヵ月半後の二〇一一年二月二十五日、占領地NGO「西サハラ人民の自決権擁護委員会」CODAPSO（Comité Defensa de Autodeterminación del Pueblo del Sahara Occidental）が逮捕者数、物的被害のレポートを発表した。それによると、その時点で通称、暗黒刑務所と呼ばれるエル＝アイウンの刑務所に収監されたサハラーウィは百十人、モロッコの首都ラバトに隣接するサレの刑務所に収監されたのは二十人だった。

そしてグデイム・イジーク事件から一年後の二〇一一年十一月、モロッコ当局は二十四名のサハラーウィが軍事法廷にかけられると発表した。これ以降「グデイム・イジーク・グループ」と呼ばれるようになるこの人たちは、事件後に逮捕され、拘束されたままのサハラーウィ二十三名と指名手配を受けた一名の計二十四名だった。この二十四名のほとんどは、グデイム・イジーク抗議村の調整委員会メンバーのように、占領当局のこれまでのブラックリストには名前が載っていなかった無名のサハラーウィではなく、既に「前歴」のある者たちだ。つまり当局はかねてより拘束したかった人間を、グデイム・イジーク村を口実に逮捕したわけだ。

二〇一〇年の九月二十五日と二十六日の二日間、つまりグデイム・イジークにテントが建

（7）Ana Romero, 'Encuentros digitales', *El Mundo*, 28/11/2010.

ち始める二週間前、「西サハラ人民と連帯するアルジェリア全国委員会」CNASPS（Comité national algērien de solidarité avec le peuple sahraoui）主催の「抵抗は人民の権利」と題された国際会議がアルジェで開かれた。参加者はヨーロッパの西サハラ支援者たちが大多数を占めたが、アルジェリア人や、難民キャンプのサハラーウィ、そして占領地のサハラーウィのグループもいた。この会議には私も出席したのだが、占領地から参加したサハラーウィが壇上で語る姿に、深い感銘を覚えた。以前には、想像もできなかった光景だ。

占領地のサハラーウィが、ジュネーヴなどで開催される国際人権機関の会議に招聘されて、それに参加することは数年前から度々あったが（しかし、必ずしもモロッコ当局の渡航許可が下りるわけではない）、独立解放を標語にした会議で、それも開催地はアルジェだ。モロッコは西サハラ紛争発端の頃から、ポリサリオ戦線はアルジェリアの傀儡組織であると喧伝し、アルジェリアこそ紛争当事者だとして敵視している。モロッコ当局が、このアルジェ会議の情報を入手していないはずはない。

そのアルジェリアの首都で開催される会議に、占領地のサハラーウィが参加する。こんなところまで実現可能になったのは、ひとえに占領下に生きるサハラーウィの執拗な抵抗の賜物だ

グデイム・イジーク・グループ解放キャンペーンのポスター Poemario por un Sahara Libra

と私はいたく納得した。占領地から来た知り合いのサハラーウィに「こんな会議に貴方たちが参加できるなんて夢みたい」と言うと、「国に戻ったら何が待ち構えていることやら」と笑いながら言っていた。そしてまさしく、この人、そして会議に参加した仲間の二名も、軍事法廷にかけられる二十四人の中に名を連ねていた。

二〇一〇年十一月から数ヵ月の間に逮捕された二十三名は、モロッコの首都ラバトに近いサレの刑務所に収監されていた。これまでにも占領地のサハラーウィたちは、しばしばモロッコ国内の刑務所に収監されている。面会のために遠距離を移動しなければならない家族や仲間にとっては、精神的、経済的負担がかかることは明らかだ。いや、それがモロッコ当局の狙いの一つでもある。おまけにはるばるやって来ても、必ずしも面会が許可されるわけではない。宿泊代もかさんでゆく。そこで占領地の人権団体は、家族の面会移動で無駄が少なくなるようにこれを組織化して、現地で安アパートを借りるなどしていた。

国家の人質

二〇一二年一月四日、軍事法廷は二十三名に対し、翌二月十三日の出廷を命じた。この日に合わせて、フランスとスペインからオブザーバーとして司法関係者たちがラバトに到着。ところが法廷は延期される。半年余りを経て、九月開廷と報じられるが、再び延期。国際的な人権

MINURSOが占領地の人権問題を見ざる、
言わざる、聞かざるだと抗議するポスター
Saharaoocidental blogspot.com

NGO「ヒューマン・ライツ・ウォッチ」のエリック・ゴールドステイン北アフリカ局長は、モロッコの法律では裁判は十二ヵ月以内に行われるべきだとされていると指摘し、無裁判による処置を「虐待」と評した。この法廷に限ったことではないが、モロッコ当局の裁判延期は茶飯事だ。占領地からやってくる家族や支援者たち、それに国外から空路で到着するオブザーバーたちに肩すかしを喰わせることも狙いの一つなのだ。

かくして法廷は翌二〇一三年二月十一日にやっと開廷され、十三日に結審となる。判決は九人が終身刑、四人が禁固三十年、七人が禁固二十五年、三人が禁固二十年、二人が禁固六年半、二人が禁固四年五ヵ月という重刑だ。

たちまち、世界中の人権団体から非難声明が上がった。被告が二年以上に渡り裁判なしのままで拘束を受けた上、国際法では民間人を裁くことはできない軍事法廷が判決を下し、証拠は一切提示されず、拷問による自白だけを根拠にした判決だったからだ。

諸外国政府や国際人権団体、NGOなどから受ける糾弾を免れられなくなったモロッコは、面目を保つためにまず、二〇一五年三月に軍事法廷に関する法律を改定し、戦時下にのみ民間人を裁くことができるとした。そして翌年七月に破棄院（前判決の破棄権限を持つ法廷）が軍事法廷判決を再審し、判決を無効として再訴訟をラバト控訴院に委ねた。こうしてグデイム・イジーク・グループが拘束されて七年目を迎えようという時期に、やっと通常の裁判へ持ち込まれることになる。

裁判所のあるサレはエル＝アイウンから千五百キロメートルの距離にある。公判期日が発表されるごとに、家族や仲間たちはサレへ赴く。しかし、この人たちの滞在すらも困難な状況に追い込まれた。滞在先となる貸しアパートの大家たちが、突然賃貸を拒否してくるからだ。彼らはモロッコ当局の回し者から「祖国の敵」呼ばわりをされて、嫌がらせを受けるのだ。こうしてサレに行ける人数は限られてしまう。それにサレへ行ったからとて入廷できるわけではなく、ほとんどの場合は裁判所を取り巻く官憲に拒否される。家族にできるのは、裁判所の前でありったけの声を張りあげてシュプレヒコールを叫び、中にいる父親、息子、兄弟に自分たちの声を届けることだけだ。

二〇一六年十二月二十六日、ようやくサレ裁判所で控訴審が開廷されたものの、中断され、翌月に持ち越される。以後、二〇一七年七月の第六次公判で結審するまで、裁判は中断と延期を繰り返した。その間、ヨーロッパ各国からは大勢のオブザーバーが傍聴に到着し、入廷を拒否され、三人のスペイン人弁護士が空港で強制送還に遭い、二人のフランス人弁護士は法廷内で暴力行為を受けて負傷している。また被告の一人ナアマ・アスファーリーの妻クロード・マンジャンさん（フランス人）は、二〇一六年十月に夫に面会のためラバトに到着したところ入国を拒否され、空港で一夜を過ごし、翌日の便で強制送還されている。その後、裁判傍聴のために翌年二月と三月にも入国を試みるが、結果は同じだった。

2016年12月26日の法廷のグデイム・イジーク・グループ。*Poemario por un Sahara Libra*

　ついに二〇一七年七月十九日に判決が下されたが、さきの軍事法廷による判決をほぼ踏襲したものだった（終身刑七名、三十年の禁固刑四名、二十五年の禁固刑六名、二十年の禁固刑三名、四年半の禁固刑一名、二年の禁固刑一名）。検察側が根拠とする自白書は拷問によって得られたもので、物的証拠は一切ない。にもかかわらず公判は、被告たちが受けた拷問の医学的検証を行おうとしない。また騒乱事件のモロッコ人犠牲者遺族と称する人たちが傍聴席に座ったこともあったが、当局が主張する死亡者十一名の氏名は、あろうことか公表されていない。

　この不正だらけの裁判に対し、専門家たちは国際人権法に則り、何よりもまずこの裁判は占領地で行われていない時点で違反していると指摘している。ジュネーヴ協定によれば、他国に支配された地域の住民は、支配する国ではなく、支配された自分たちの土地で裁判を受ける権利があるという条項だ。

モロッコは西サハラの占領を推し進める上で、邪魔者を拘束しておくために、そして更なる邪魔者出現に歯止めをかけるための見せしめとして、この判決を下した。司法規約を無視して、ただ単にその権限を濫用するばかりの裁判、これが政治的裁判でなくして、一体何だろうか。今回終身刑に処された三十才のシェイフ・ベンガさんは言う、「私たちは受刑者ではなく、囚人でもない。人質なのだ」。グデイム・イジーク・グループや占領地のサハラーウィの囚人たちは、西サハラから独立を求める声が上がらなくなったら解放される、その交換条件となる人質なのだ。

どのような占領政策を推し進めても、サハラーウィの民心をモロッコ化することは不可能だ。一方、モロッコは国連の和平案には背を向けながら、その和平案が実現した停戦を四半世紀にわたり最大限に利用している。それは西サハラにある天然資源の収奪だ。次章ではその収奪の規模と実態に迫る。

第五章　奪われ続ける天然資源

占領支配という体制は、土地を奪い、資源を奪い、土地の主を二級に貶めてこそ存続する。グデイム・イジーク抗議キャンプ村が襲撃を受け壊滅した日、NGO「サウラ」のシルビア・ガルシアさんが目撃した、モロッコ機動隊員がバカ笑いをしながら盗みを働くその場面は、まるで占領支配の現実を描く戯画のようだ。

第一節　収奪される海

グデイム・イジークの裁判で終身刑を言い渡されたシィダフメッド・ラムジェイドさんは、「天然資源保護のサハラーウィ委員会」ＣＳＰＲＯＮ（Comité Sahraoui pour la Protection des Resources Naturelles）という団体の代表を務めている。この会は二〇〇七年に、西サハラの天然資源略奪と人権侵害に関する報告書を発表した。西サハラの占領の本質を隠し通したいモロッコにしてみれば、占領地内部からの告発は何とか封じ込めねばならない。ラムジェイドさんは、他の活動家と同様、これまでに繰り返し逮捕と拷問の犠牲になってきた。にもかかわらずその活動は一向に止まない。そこでモロッコ当局は、グデイム・イジーク抗議村を利用し、ラムジェイドさんを一生刑務所にとどめ置く措置に処したのだ。

国連はモロッコによる西サハラの天然資源開発について、二〇〇二年二月にハンス・コーレル法務部長の見解を発表し、西サハラ住民の合意なくモロッコと契約を結ぶことは国際法上違反だと明言している。

世界屈指の漁場

西サハラの天然資源には、先に少し触れたように水産資源と地下資源があり、モロッコは占領以来、とりわけ砂の壁建設以降、開発を目指して資源略奪を続けている。西サハラには、大西洋に面した千二百キロメートルの海岸線があり、漁港はエル＝アイウンとダーフラにある。

「ダーフラではね、月夜に海に入って、棒で滅茶苦茶に水面を叩くと、魚がプカプカ浮いてくるんだよ」。三十五年前、当時西サハラに関してまだ知見の乏しかった私に、この国の豊かな水産資源のことを聞かせてくれたサハラーウィが、そんなエピソードを教えてくれた。その時は法螺だろうと笑って聞き流したが、その後、西サハラに関して書かれた本や記事を読むにつれ、まったくの作り話ではない気がしてきた。少なくとも当時はそんな体験談があっても不思議はないほどに、この海は魚の宝庫だったのだ。

二〇一七年にモロッコ漁業公社が発表した数字によると、モロッコの水産物輸出高はアフリカで第一位、世界で第二十五位を占める。その内容は主にタコ、イカ、イワシ、サバ、マグロ、甲殻類で、イワシの水揚げ高は世界一だ。言うまでもなく、このモロッコの輸出高には、西サハラ海域における操業が大きく貢献している。例えば、一九八五年のモロッコの水揚げ高は三十四万六千トンだったのに対し、二〇〇〇年には七十六万五千トンに上っている。一九八五年はモロッコとポリサリオ戦線の戦争が続いていた時代で、西サハラにおける水産操業にはまだ手を付けていなかった頃のことだ。したがって十五年間で二倍以上に増大した水揚げ高は、西サハラ水産資源の略奪を如実に物語っている。

船内冷凍され出荷される水産物、ダーフラの港。2018 年 8 月、岩崎有一氏撮影。

二つの漁港エル＝アイウンとダーフラは、前者が近海漁業向けであるのに対して、後者は近海と遠洋漁業向けの港だ。そしてダーフラには水産物の処理、加工に携わる企業が七十三社ある。漁業の就労人口は十万人以上、多い時期は二十万人に上る。そのほとんどがモロッコ北部から来たモロッコ人で、現地サハラーウィの被雇用者は少ない。

私は二〇一七年にダーフラを訪問した。現地のサハラーウィの車で水産加工工場地帯に入ってみた時、サハラ砂漠以南のアフリカ人の姿が目に入った。国を出て仕事を求めて北へと移動し、ゆくゆくはヨーロッパを目指してゴムボートで地中海を渡る人たちだ。ダーフラにおける移民の労働が、低賃金のヤミ雇用であることは想像がつく。一方この業界における主要な船主は、モロッコ王国の将軍や政治家たちだ。

欧州連合（EU）とロシアは、モロッコと締結した漁業協定の下に、西サハラ水域で操業している。これについて欧州議会内では、二〇〇二年に国連が発表したコーレル法務部長の見解以降、西サハラ住民の同意なしに行われる当地域の資源獲得に対して、異議を唱える声が力を伸ばしてきている。問題の解決策として、住民との合意の下に、利益が住民の手元に届くようなシステムを設ける案など、議会内ではいくつかの案が浮上したが、現実性に欠けていた。

なんといっても相手国はモロッコ。人権状況視察団の訪問にすら、ひと悶着なしには扉を開けない国だ。たとえば二〇〇五年十二月、欧州議会は人権問題に関する特別視察団の派遣を計画し、一年後にチンドゥーフの難民キャンプを訪問したが、占領地を訪問するためにモロッコ側の受諾を得るのに三年以上を要した。またアフリカ連合（AU）の人権機関であるアフリカ人権裁判所が、モロッコへの訪問団派遣を計画して二〇一二年に申し込んだが、モロッコ側の返答は出されなかった。モロッコがAUに加盟して二年半後の二〇一九年七月、AU閣僚執行理事会が派遣の許可を出したが、ここでもモロッコは沈黙したままだ。

こんなモロッコのことだ。経済的利害が絡む問題で、EUと西サハラ住民が直接に行う協議を許すはずがない。それにもし、EU内でこうした姑息な問題回避策が定着してしまえば、西サハラ紛争の根本にある民族自決権のテーマがさらに遠ざけられてしまう危険性さえもある。

ポリサリオ戦線は当初から、EUとモロッコ間の協定は西サハラに適用できないとして、協定文書に西サハラの除外を明記することを求め続けている。その言い分は、EUあるいはどのEU加盟国も西サハラをモロッコ領土とは認めておらず、また国連では西サハラは非自治地域リストに記載され、脱植民地化の過程にある領土として分類されていることに依拠する。しかし、現実には、現在EU圏の漁船の三分の二が西サハラで操業しており、またモロッコの漁船がこの海域で獲る水揚げの95パーセントは輸出向けだ。

モロッコにとって諸外国との協定の下に西サハラ海域に船を入れて操業させることは、経済利益だけの問題ではない。モロッコが主張する西サハラ領土権には法的根拠は一切なく、占領が国際法に違反していることを百も承知の上だからこそ、こうした既成事実の積み重ねと拡張で違法行為を乗り切ろうとしているのだ。

第二節　収奪される大地

モロッコが西サハラで略奪している資源は、ほかにもある。肥料に使われるリン鉱石もその一つだ。かつてモロッコはリン鉱石産出高が世界一で、西サハラがそれに続いた。西サハラの産出地ブークラーアには、スペインが植民地時代に設置した世界一長いベルトコンベヤーがある。採掘されたリン鉱石は、長さ百キロメートルのこのベルトコンベヤーでエル＝アイウンの港まで運ばれ、その後、海路で輸出される。

そしてこのリン鉱石開発部門でも、就労者人口の大半は、モロッコ人で占められている。スペイン植民地時代にリン鉱石会社で働いていたサハラーウィは一九六八年に千六百人を数えたが、現在では二百人を下回り、一方、モロッコ人は千九百人が働いている。グデイム・イジーク抗議キャンプ村で人々が職を求めていたのは、モロッコ人に職を奪われたことに対する抗議でもあったのだ。

モロッコが西サハラの資源から利益を得ているものは、水産物とリン鉱石だけではない。砂漠から運び出される砂もまた輸出の対象となっている。モロッコは年間三百万ドル相当の砂を輸出しており、その70パーセントがスペイン、特にエル＝アイウンから目と鼻の先にあるカナリア諸島に運ばれている。カナリア諸島はリゾート地であるものの、海岸が火山石でできているため、砂漠の砂を使って人工の白い砂浜造りをしているのだ。英国のザ・ガーディアン紙がそれについて調査を行ったところ、二〇一七年七月、グラン・カナリア島の世界的に有名なビーチ、タウリト・ビーチにエル＝アイウンから七万トンの砂が到着している。(1)

（1）Emma Pietro Lopez, 'Importacion iLegal de arena: el negocio de las Islas Canarias', *Vozpopuli*, 05/08/2017.

砂漠の大農園

　もう一つ、モロッコが西サハラで行っている違法開発は、青果栽培だ。国土の殆どが砂漠である西サハラで、どうして農業を営む畑ができるのか。まるで蜃気楼でも見るような不思議な風景だが、一年を通して気候が一定して温暖なダーフラの砂漠では、輸出用のトマトやメロンを産出する巨大な温室栽培が営まれている。輸出先はヨーロッパ、北アメリカ、旧ソ連諸国。この栽培を最初に手掛けたのはモロッコ国王の企業で、土地は第三章で述べた国王所有の農地「農業所領」に属している。つまり国王が農業開発で成功すると見込んだ土地は、国際社会がそこをモロッコ領として認めていようといまいと、「農業所領」に組み入れられるのだ。近年では、フランスの企業が二社参入し（Idyl社とAzura社）、雇用者数が双方合わせて一万人に上るという規模の開発だ。労働者のほとんどがモロッコ人であることは言うまでもない。

　こうしてダーフラの町から七十キロメートル離れた一帯では、現在、五二九・五ヘクタールの砂漠が農作物で覆い尽くされている。砂漠でこれだけの規模の農作物栽培をするには、一体どれほどの水が必要になることか、誰もが疑問に思うだろう。実はここでまた、さらなる資源の略奪が行われている。農業用水は、この砂漠が古代から包み守ってきた、再生不可能な化石水なのだ。地下三百から六百メートルのところに眠るこの化石水を用いて、ダーフラの砂漠で

カイトサーフィン、2018 年 8 月、ダーフラ。岩崎有一氏撮影。

は広大な灌漑農業、温室栽培、水耕栽培が営まれている。本来なら砂漠に暮らす人々の貴重な生活水となるべき資源が、これほどの規模で無計画に汲み上げられたのでは、将来的な枯渇は目に見えている。

天然資源略奪の枠からは少しずれるが、ダーフラの内海は二〇〇七年あたりから、ウインドサーフィンやカイトサーフィンといった水上スポーツの聖地と化している。二〇一五年には国王ムハンマド六世の後援で、国王の長男の名を冠したムーレイ・エル＝ハサン賞を競う第一回カイトサーフィン・ワールドカップが開催された。今やダーフラ空港発着の飛行機は、ヨーロッパ、とりわけフランス人サーファーたちで賑わい、荷物用ターンテーブルは旅行トランクではなく、サーフボードその他の用具一式で満載だ。さらに二〇一七年末からはパリ・ダーフラ直行便の就航が開始し、トランサヴィア航空（エール・フランスKLMグループ）は抗議の声を背にしながらも、運航している。

ダーフラでツーリスト・スポットになっているのはサーフィンの帆や凧の舞う内海だけではない。砂漠のツアーもある。朝方ダーフラの町を出発する四輪駆動のツーリスト・キャラバンは、雄大な砂漠の景色を車窓から楽しみ、時おり野生動物ウォッチングで車を降り、木陰で茶をすすり、昼には砂中に埋め込んで作る、蒸し焼き肉料理に舌鼓を打って一日を過ごす。ダーフラのホテル業界の第一人者は、国王の従姉で、ここにも王室ビジネスが幅を利かせる仕組みがある。

ダーフラ行きの飛行機はツーリストで一杯だが、町でツーリストにすれ違うことは稀だ。誰もが海か砂漠で一日を過ごすため、町中ですれ違う外国人は、むしろ漁業や農業関係の仕事で滞在している外国人になる。一度、町のレストランで、私の隣テーブルに居合わせた男性三人組は、書類にサインを入れるフランス人、モロッコ方言を操り土地慣れした風体のフランス人、そして恰幅のいいモロッコ人だった。その会話の口調に、どことなく怪しい匂いを嗅いでしまった。それというのも、ウィキリークスならぬモロッコリークスというウェブサイトがあり、そこに暴露されたとあるメールのことを、その時ふと思い出したからだ。メールの差出人は、モロッコ軍のある将軍に武器を売るイタリア企業の幹部で、宛先人はモロッコ事情に精通したイタリア人だ。

（……）それともう一つ。この前奴さん［将軍］に会った時、例のマージンの件で露骨に怒りを表していたね。相手はこっちが約束違反だと言い、ラバトの同僚たちは今では20パーセントどころか35パーセントのマージンを受け取っていると言い張るけれど、その辺はうまくやってくれないか。君は彼らのメンタリティをよく知っているから、何とか説得してもらいたい。弊社は注文が減って、危機的状況を乗り切ろうとしている最中だからと。よろしく頼むよ。(2)

ことほどさようにモロッコは賄賂社会で、米国の元駐モロッコ大使トーマス・ライレー（二〇〇三–〇九年）は、本国に宛てた報告書の中で、モロッコ社会のあらゆる分野に横行する買収行為を強調していた。(3)

モロッコが「南部地方」と呼ぶ西サハラで、国の将来を賭けて開発を進めている分野はまだある。この国はアフリカで、再生可能なエネルギー開発の旗手を標榜して、西サハラに太陽光

（2）https://www.maroc-leaks.com/2017/03/12/generaux-de-larmee-marocaines-touchent-commissions-achats-darmes/
（3）https://elpais.com/internacional/2010/12/02/actualidad/1291244429_850215.html

西サハラのフサエリショウノガン
Poemaria por un Sahara Libre

と風力の発電システムを設置した。今のところ電力はモロッコ国内向けで需要の5.5パーセントをカバーしており、二〇二〇年には26.4パーセントに達する見込みだ。発電プラントの建設には、ドイツやイタリアの企業が進出している。(4)

それから又、乱獲狩猟の犠牲となり、絶滅の危機に瀕しているサハラ砂漠生息の鳥もいる。狩猟の的となっているのは、フサエリショウノガンだ。狩猟を行うのはモロッコ人ではなく、モロッコ王室が招待する湾岸諸国の王族や富豪だ。狩場は、サウジアラビア王族が西サハラの北部で狩りをする一方、クウェートの実業家たちは豪華キャンピングカーを携えてダーフラへやって来て、一日で二百羽を越えるフサエリショウノガンを殺している。(5)

フサエリショウノガンは羽毛が砂色の保護色鳥で、西サハラの伝統的な口承文芸にも登場する。ハサニーヤ語ではレフバーラと呼ばれ、民話の中では擬人化され、地味ながら、なかなかのしっかり者だ。

チェリー・ブラッサム号 *Western Sahara Resource Watch*

南アフリカ共和国の快挙

西サハラにおいてモロッコと外国企業の違法行為が続く只中、二〇一七年五月一日、まさかのニュースが南アフリカから届いた。ニュージーランドへ向かう途中の貨物船チェリー・ブラッサム号が、南アフリカの寄港地ポート・エリザベスで立入り調査を受けたのだ。船は西サハラの占領地から積み出されたリン鉱石五万五千トン、金額にして五百万ドル相当の商品を積載していた。

モロッコにとってニュージーランドは第二のリン鉱石輸入国で、ニュージーランド農業協同組合二社が輸入している。ちなみにモロッコは、二〇一六年度のリン鉱石輸出総額で二億ドルの収益を出している。チェリー・ブラッサム号の拿捕は、エル＝アイウン港を出港する船舶を監視していたポリサリオ戦線が、南ア共和国政府に協力を願い出た結果の賜物だ。

（4）*Western Sahara Resouce Watch* 02/11/2016. https://wsrw.org/a245x3617

（5）*Poemario por un Sahara Libre*, http://poemariosaharalibre.blogspot.com/2016/02/jeques-arabes-del-golfo-cazan-de-la.html

六月十五日、南ア共和国の最高裁判所は、この案件が裁判訴訟に処される問題とみなし、裁判で積載品の所有者を明らかにさせると発表した。モロッコのリン鉱石会社ＯＣＰ ＳＡ（Office Chérifien des Phosphates）はそれまで積載品に対する所有権を執拗に主張していたが、七月十三日、翻って訴訟手続きから降りる意向を表明した。モロッコは五百万ドル相当価格の商品を手放すことになったのだ。

そこで、国際ＮＧＯの「西サハラ・リソース・ウォッチ」のスポークスパーソンであるダヴィデ・コンチニはこうコメントした。

モロッコが訴訟手続から下りたことは、裁判に臨むには手持ちの札が弱いことを示しています。国際法に則れば、モロッコが占領維持している領土を開発することは違法行為です。今回、自国の政治的論拠は、法廷上の対決に晒されてしまえば、勝ち目はないと見たのでしょう。西サハラの人々にとっては、画期的な局面を迎えました。私たちは是非ともこの件が、不法な輸出活動を阻止するための第一歩になってほしいと願って止みません。国際法が求めるように、西サハラ住民の同意が表明されていない以上、リン鉱石の輸出はどのような形であれ行われてはならないのです。そして私たちはニュージーランドの輸入業者たちが、この点をはっきり認識してくれることを期待します。リン鉱石は、収奪されていない土地から取り寄せるべきでしょう[6]。

チェリー・ブラッサム号の拿捕とちょうど時期を同じくして、五月十七日、カナダへ向かっていた貨物船ウルトラ・イノヴェーション号がパナマ運河通過時に差し止められた。こちらも五万五千トンのリン鉱石を積載していた。この貨物船はカナダのカリ肥料輸出会社の船舶で、四月末にエル＝アイウンに到着した時点からポリサリオ戦線は監視を続けていた。しかしながら、パナマ政府は六日後この船を出港させている。

南アフリカ政府の措置は、言うまでもなく、二〇〇九年に国連のハンス・コーレル法務部長が発表した見解と、二〇一六年十二月の欧州連合司法裁判所の決定に裏打ちされている。ここで示された国際法の力は、簡明で強力だ。モロッコが一九七五年から続けている占領支配は、既成事実の積み重ねだけを拠り所にして、サハラーウィ住民の権利を奪い、あらゆる国際法に反した政策を進めてきた。一方、サハラーウィの解放闘争の支柱は、武器でもなければ、札束でもない。それはまさにモロッコには欠如している正義、国際社会がその憲章に唱っている正義だということが、ここで明らかにされた。モロッコが南アフリカの裁判手続きを自ら下りたことは、自国の西サハラ領土主張とその実効的支配が、国際正義を前にしてはまったく非力で

（6）*Western Sahara Resouce Watch*　https://www.wsrw.org/a248x3971　13/07/2017.

あると認識していることを意味する。

尚、南ア最高裁判所は、チェリー・ブラッサム号に積載されていたリン鉱石の所有者をポリサリオ戦線と判定し、ポリサリオ戦線は二〇一八年二月に商品を競りにかけた。この問題の担当者であり、駐オーストラリアのポリサリオ戦線代表カマール・ファーデルは「売却で得られた金は、同種の事案をフォローすることに使用します。私たちの資源を不法に取引する者はすべて追跡のターゲットとされることを忠告しておきます」と語っている。(7)

モロッコによる占領支配下では、このように、なにもかもが奪われている。国連憲章に唱われた人民の権利は蹂躙され、表現の自由は奪われ、本来サハラーウィが享受するはずの天然資源は収奪される。そんな社会に生きるとは、一人一人のサハラーウィにとってどういうことなのだろうか。外部からの観察眼に収まる事象には限りがあるにしても、偽りのない側面を次章で取り上げてみる。

(7) *Western Sahara Resouce Watch* https://www.wsrw.org./a248x3912 15/06/2017.

第六章

壊された砦

――占領下で抵抗を続ける人々

モロッコに占領された西サハラには、外国人ツーリストやビジネス関係者が自由に出入りしている。ネット検索をすれば、この砂漠の国を踏破した日本人たちのブログも出てくるくらいだ。ところが一旦現地の政治、社会事情に関心を持って赴くと、この自由の外面は容易に剥がれ落ちる。そして占領下で生きる人々の社会は、訪問者の目に映る風景の向こう側に隠されていることが理解できる。

第一節　強制退去させられる占領地訪問者

二〇一七年五月、私はモロッコの占領下にある町ダーフラを訪問した。ダーフラは初訪問だったが、他の主要な町、西サハラの首府エル＝アイウンとスマーラを二〇〇七年に訪問している。今回、スペインのマラガからモロッコのカサブランカへ飛び、そこで国内便に乗り換えてダーフラに到着し、無事に空港の外へ出たが、カサブランカ空港の入国審査で少々ヒヤッとさせられる一幕があった。


検査官（コンピュータ画面をじっと見て）　ここへ来られるのは、初めてではないですね。

―はい、前に一度。

―その時は別のパスポートでしたね。

―はい……。


もしかすると……とは思っていたが、モロッコ当局に歓迎されない外国人リストに自分の名が載っていたのだった。十年前、初めて占領地に足を踏み入れた時に、モロッコの占領下で抵抗運動を続けるサハラーウィ人権活動家たちと会ったために、記録されたのだろう。

ただでさえ、モロッコを訪れる外国人で、そのパスポートにアルジェリアのビザが貼付され、滞在目的の欄に西サハラ難民キャンプと記入されていると、モロッコ入国時に取り調べの対象になってしまう。とある友人はNGOの医療活動で一度難民キャンプを訪れ、そのパスポートでモロッコに観光旅行に行ったために、入国審査時に別室に入れられて取り調べを受けている。こうした厄介事を避けるために、難民キャンプ訪問の経験者がモロッコへ行く場合には、新規にパスポートを作るのが常識にもなっているくらいだ。

ダーフラ空港、2018年8月、岩崎有一氏撮影。

二〇〇七年に占領地を訪問した時は、三人のスペイン人女性とモロッコ南部のアガディール空港に到着してレンタカーを借り、西サハラへと南下した。エル＝アイウンとスマーラで現地活動家たちの話を聞いて廻ったが、移動中は絶えず白のフィアット車に尾行された。レストランでは聞き耳を立てる人物が隣のテーブルに座り、ホテルでは一度、私服刑事の訪問を受け「身の安全のために」と即時帰国を促され、はたまた私たちの部屋の扉に耳を当てる二人の人間までいた。私たち四人が一部屋に集まって話し合いをしていた時だった。ドアの外側に人の気配を感じたので、そっとドアに近寄り開けたところ、廊下にはそれぞれ左右別方向へと逃げる二人の後姿があった。三流の刑事ドラマのようで噴飯ものだったが、当局の狙いは、私たちがこの嫌がらせに辟易して出発日を繰り上げることだったのだろう。結局、白のフィアット車は予定通りの出発日に空港まで「エスコート」してくれたので、私たちは手を振って別れの挨拶を送った。

当時はまだ占領地へ入る人が比較的少なかったことも幸いして、滞在日程を全うできたが、その後増えていった占領地への訪問者たちは、とりわけジャーナリストの場合、仕事の途中で強制送還に遭うケースが目立っている。フランスのアフリカ連帯支援NGO、AFASPA（Association Française de solidarité avec les Peuples d'Afrique）が発表したリストによると、二〇一四年から二〇一九年六月までに一九二名の外国人訪問者が強制送還に遭っている。その殆どはヨーロッパ人で、職業は司法関係者、ジャーナリスト、大学教授、欧州議会議員、国会や地方議会の議員などだ。大半は、エル＝アイウン空港で入国拒否に遭い、空港から一歩も出ることができず、往路で利用した航空機に再搭乗させられ帰路に就かされている。

二〇一四年四月にはエル＝アイウンで西サハラの女性たちによる会議「サハラーウィ女性のレジスタンスを支持」（Apoyo a la Resistencia de las Mujeres Saharauis）が開催されたが、これにオブザーバーとして参加しようとした外国人三十三人（スペイン、ポルトガル、フランス、イギリス、ノルウェー、チュニジア、南スーダン、アメリカ）が、出席どころか、空港で強制送還に遭った。二〇一七年八月には、スペイン人女性が夏休みを利用して、エル＝アイウンの人権団体メンバーにスペイン語を教えるために現地に到着したが、一度もクラスを開けないまま国外追放に遭った。そして二〇一七年十二月には、日本の大学教授二人がエル＝アイウンに入ったが、現地の人権NGOを訪問したところで、警察に身柄を拘束され、パリ行きの便に強制的に搭乗させられている。

また、モロッコが外国人ジャーナリストに施す規制は、西サハラ訪問者だけが対象になるとは限らない。二〇一五年二月、フランスのテレビ・ジャーナリスト二人がモロッコ経済と人権を題材に首都ラバトで取材中、機材を没収され強制送還されたため、「国境なき記者団」が厳しい抗議を表明したことがあった。ちなみにモロッコは「国境なき記者団」の報道の自由ランキング二〇一九年度によると、百八十ヵ国中で百三十五位だ。[1]

第二節　壊された砦

ダーフラは、スペインが植民地宗主国としての最初の礎を築いた町だ。植民地時代には、

(1) *Reporters Sans Frontières* http://rsf.org/fr/donnees.classement

ありし日のダーフラ砦（枡形の建物）。2017年5月 ダーフラの教会で著者撮影。

ダーフラは南米航路上の寄港地として重要視され、地名はビリャ・シスネロスと呼ばれていた。町は、南北へ伸びる長さ四〇キロメートル、幅三キロメートルほどの細長い半島で、静かな内海の向こうには、まるで自然が築いた城塞のような沙漠の断壁が続いている。

スペイン領サハラが生まれた翌年の一八八五年、スペインはビリャ・シスネロスに最初の砦を建造した。砦はその後拡張され、やがて時の流れとともに破損し老朽化しながらも、そこに百二十年間建ち続けた。この町がモロッコ軍に占領されて後の一時期、砦は刑務所として使われ、占領に抵抗するサハラーウィの拷問場となったこともある。

二〇〇三年のある日、モロッコ占領下のダーフラに暮らすサハラーウィの有志たちが、スペインの連帯組織に緊急行動を呼びかけてきた。この砦が、モロッコ当局により破壊されるという。すぐに署名運動が開始され、諸外国にも広がり、ユネスコにも嘆願書が届けられた。ダーフラのサハラーウィたちはモロッコ当局に、外郭だけでも保存し内部を改築して文化施設などに転用する案を差し出した。しかし、幾多の切実な声は占領者の耳には届かず、翌年七月、砦は取り壊されてしまった。今では砦がなくなっただだっ広い場所に、ダーフラ半島を形取ったモニュメントだけが突っ立っている。

モロッコはかつて（北部のリーフ地方と南部の町イフニを除き）フランス保護領だったが、フランスが自国内に残した建造物を保存、維持しており、自国文化に浸透したフランス語をはじめとするフランス文化は言うに及ばず、フランス統治の足跡を消そうとしたことはない。ところがモロッコが「南部地方」と呼ぶこの西サハラとなると、スペインの足跡消しに躍起になる。

モロッコが西サハラでスペイン時代の歴史建造物を破壊し、住民が胸に抱くスペイン文化の記憶を潰して、植民地時代の足跡を消したがるのは何故だろうか。それは、スペイン植民地時代の歴史の記憶が生きているかぎり、植民地が当然辿るべき正道、脱植民地化のプロセスも喚起されてしまうからだ。現実には、脱植民地化プロセスが奪い取られ、占領がそれにとって替わっている。占領による、この脱植民地化プロセスの封殺を史実から削除するには、植民地の記憶ごと闇に葬るにかぎる。そして現在まで続く西サハラ紛争を、脱植民地化の問題ではなく、国内の分離独立問題としてすり変えてしまおうというわけだ。

住民の圧倒的マジョリティを構成する入植者

ダーフラの人口は現在、モロッコ人入植者とサハラーウィ住民の比が五対一の割合にまでになっている。サハラーウィ住民の、五倍もの数のモロッコ人入植者がいるということだ。ダーフラに到着した翌朝、町の中を散歩してみると、確かに入植者たちの圧倒的な雰囲気が伝わってくる。この三十五年間サハラーウィに接してきた私にも、モロッコ人と西サハラ人を顔立ちだけで見分けることは不可能に近いが、どことなく勘が働かないでもない。ダーフラの飛行場から乗った乗り合いタクシーの運転手は、三十才前後の男性で、私の勘ではサハラーウィに見えた。タクシーはまず二軒のホテルに寄って、後部座席の三人が下り、最後に私のホテルに到着した。荷物を下してもらう時、うつむき加減のこの運転手に思い切って尋ねてみた。「すみませんが、あなたはダーフラ生まれですか」、相手は相変わらずうつむいたまま「はい」と答えた。「じゃあ、サハラーウィですか」と聞くと、こちらの目を見て微笑みを浮かべ、「はい」と答えた。

この時はたまたま勘が当たったが、話しているところを聞けば、その判別はさらにしやすい。サハラーウィが話すハサニーヤというアラビア語方言は、隣国モロッコやアルジェリアのアラビア語方言とは異なるからだ。それでも一度、ハサニーヤを話すサハラーウィを前にして、その人をサハラーウィとは思わなかったエピソードもある。パリ在住の時代で、ポリサリオ戦線の代表部事務所を手伝っていた頃のこと、ある日代表を訪ねてきた客人がいた。こちらが玄関ドアを開けるなり、挨拶もなく「ムハンマドは？」と一言投げたその訪問者は、示された代表の部屋へさっさと向かった。その後仲間が淹れたお茶を持っていくと、代表は「有難う」と言うが、その人は何も言わない。どうみてもサハラーウィには思えず、仲間に「あの人、どこの国の人？」と尋ねると、相手は大笑いして「サハラーウィだよ、ハドラニー、オマル・ハドラニー、知っているだろう？」と言われた。ポリサリオ解放軍の指揮官だった人物、れっきとしたサハラーウィで、私の目はとんだ節穴だと思った。ところが、ここに後日談があった。その数ヵ月後、この人物はハサン二世国王の手に口づけをして忠誠を誓い、モロッコに寝返ったのだ。パリ事務所を訪れた時のハドラニーは、すでにサハラーウィとしての魂をモロッコに売り渡していたのかもしれない。

言語の他にもう一つ見分ける目印になるのは名前だ。アラブ世界では元来、姓というものがなく、氏名は本人の名の後に父親の名、その次に祖父の名を置いて構成されていた。けれども北アフリカ諸国ではフランス植民地時代に住民登録制が設けられ、姓が義務付けられて、モロッコでは出身地や家系に馴染みのある名詞などが姓として登録された。ところがスペイン領サハラの場合は、スペインがこうした制度を設けなかったため、伝統的な氏名、つまり本人名＋父名＋祖父名のままだ。また西サハラでも南部の方ではモーリタニアのように、男性の場合は息子を意味するウルド、女性の場合は娘を意味するミントゥが父称接辞として間に入れられることがある。

ところがモロッコは、占領した西サハラの住民に対し、かつてフランス宗主国が植民地で行ったように姓を義務付けているため、占領地ではサハラーウィの伝統的呼称が崩れつつある。けれど多くのサハラーウィは、身分証明証などの書類上ではモロッコが命じる姓を使用していても、実際にはそれを名乗らず伝統的に父名を用いている。

最後に挙げられる見分け方の目印は、西サハラの民族衣装で、女性はメラフファ、男性はドラーアという服だ。ただ、難民キャンプでもそうだが、簡便性から、日常生活の中では男性はシャツ・ズボン姿が多く、女性はメラフファが圧倒的だ。ダーフラの町中では、五対一の人口比を考えると町中にメラフファの数が多すぎた。後に知ったことだが、これは入植してきたモロッコ人女性も気候風土に合ったメラフファを好んで身につけているからだった。

朝の散歩で目に映った「占領された町」の風景、それも北の白人国による占領ではなく、隣の兄弟国による占領の風景というのは、住民間に人種的な混在がないだけに、一見したところ平和な町の風景だ。ただ、その奥で暴力的な構造が機能している印象はぬぐえない。日本植民地下の朝鮮半島もこのような風景だったのだろうか。

ホテルに戻って部屋の窓を開けると、隣の建物からどうやら母親が小言を言っているような声が聞こえてきた。するとそこに「ヤーワンニィ！」という文句が飛び出した。隣に住むのは、サハラーウィの家族だったのだ。ヤーワンニィ、これはハサニーヤ語特有の、愛着を示す呼びかけ語だ。由来は、かつての遊牧生活で、雨が降りだしそうになると、雨水が天幕の中に流れ込むのを防ぐために天幕の周りに溝を掘っていた。ヤーワンニィはその時の掛け声だったらしい。溝掘り作業でサハラーウィが愛着を示していた対象は、天幕だった。

第三節　築かれた砦

前述した、砦の撤去を阻止しようと立ち上がったサハラーウィ住民有志たちの中に、現在もスペイン統治時代の痕跡を、モロッコによる破壊の手から守り抜こうと尽力している人物が二人いる。ダーフラ滞在中、私はこの二人を訪ねた。

スペインの有形文化遺産

一人はブーフという愛称で呼ばれる車椅子生活の男性で、イスラーム教徒の彼は、スペインが一九五四年にビリヤ・シスネロス（現ダーフラ）に建てたヌエストラ＝セニョラ・デル＝カルメン教会（カルメル会聖母教会）が取り壊しに遭わないよう、自ら管理と保存に勤しんでいる。

一九七九年にモーリタニアが撤退したダーフラを、モロッコ軍が占領した後、この教会は王国軍の管轄下に置かれたため、一部は破壊され、その他の部分は放置されて朽ち果てるままになっていた。当時、スペイン時代の他の建造物が次々と取り壊しの憂き目に遭っていたため、ブー

ブーフさんの教会。2018 年の復活祭ミサ。facebook.com/bouh.semlali

フさんは、やがて教会にも同じ運命が及ぶのを座視できなくなり、バチカンを筆頭として四方八方に必死になって救援を乞い、モロッコ当局と渡り合った。

その努力が報われて管理権がブーフさんの手に託され、現在では月に一度、エル＝アイウンにあるカトリック教会の神父がミサを執り行いに来てくれる。ブーフさんによると、ミサに集まる信者はプロテスタント教徒も含めて数名の時もあれば多い時で二十名ほど、あるいは誰もいない時もある。その他の日には、ツーリストやアフリカの移民たちが祈りを捧げに自由に訪れる。

礼拝堂には、権威を象徴するような過度な装飾は一切なく、慎ましやかな祭壇は、まるで信仰心に最低限必要な要素だけを備えたミニマリストのようだ。けれども何処かに潜む薫物の香

りが、そこが礼拝の場であることを伝えている。簡素な神父執務室には素人筆の聖母画が掛けられ、会議室、食堂、台所と、そこかしこに細かな気遣いの感じられる、そんな尊さを漂わせた教会堂だ。

「サハラーウィにとって、スペインが残したものは、その時代を誰とどのように生きたのかを証言してくれる文化遺産です。つまりこの教会は、今や抵抗のシンボルなのです」と語るブーフさんは、そんな信念と行動のために一年間刑務所に入れられたこともある。なかんずく車椅子と自家用車で移動するブーフさんに対して、当局からの嫌がらせは現在に至るまで日常的に続いている。

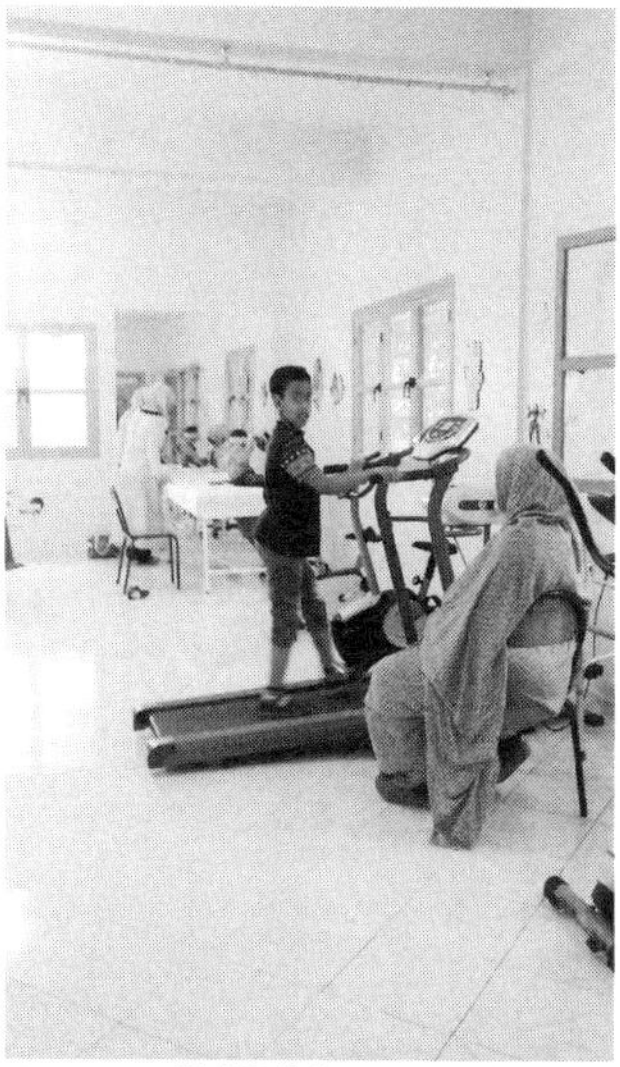
ブーフさんの障害児施設でリハビリ中の少年。2017年5月、著者撮影。

四才でポリオを患ったブーフさんはまた、障害児のためのＮＧＯ施設も運営していて、十二才までの身体障害のある子供たちにリハビリ訓練を施している。ダーフラのサハラーウィ住民とモロッコ人入植者の人口比から想像できるように、この施設に通っているのはほとんどがモロッコ人の子供たちだ。施設に入ると、清潔で色鮮やかな空間がまず目を引く。海外の団体などの援助を受けて運営されているが、援助物資がモロッコの通関で何ヵ月も差し止められるなど、嫌がらせを受けたりするそうだ。「ところで気付いてくれたかな、ここの入り口にはモロッコ国旗はないし、室内に国王の写真もないだろう?」と言いながら、ブーフさんはたいそうご自慢の表情だった。

ブーフさんの障害児施設。
2017年5月、著者撮影。

占領国が養う似非サハラーウィ・コミュニティ

施設を見学した後、ブーフさんの足となっている愛車で、水産資源の略奪現場を遠巻きに見せてもらった。半島の南方へと向かうと、広大な敷地に水産物加工コンビナートや大型倉庫が建ち並び、列を作った冷蔵タンカーが積荷作業中で独特の臭いが鼻を突く。モロッコがダーフラを占領して以来、四十年近くを経ている。一体どれほどの資源が水揚げされ、国内外の市場に送り出されて行ったことか。資源の主であるはずのサハラーウィは自らの富に与かることもなく、目の前でただひたすらその富を奪われ続けているのだ。

ブーフさんの車は、さらに半島を南端へと下って漁港付近まで行く目算だったが、運悪く通行止めに遭い、これは諦めねばならなかった。

代わりに向かったのは、ワカーラ地区と呼ばれる住宅地だった。ダーフラは初訪問だった私の目にも、他の地区とはどこか違うものが感じられた。ブーフさんの説明によると、この地区の住人は、モロッコ当局が一九九〇年代前半、来たる住民投票に備えて組織的に大量に南下させ、西サハラに住まわせたモロッコ人たちなのだ。

第二章で述べたように、一九九一年四月、国連安保理が西サハラ住民の民族自決権行使を盛り込んだ和平案を決議し、西サハラ住民投票のための国連監視団（ＭＩＮＵＲＳＯ）が現地に派遣され、その第一段階となる停戦が同年九月に成立すると、モロッコは有権者数の水増しのために大勢のモロッコ人を西サハラに送り込んだ。

こうしてダーフラに辿り着いた人々が、それ以来住みついているのがワカーラ地区だ。町で見かける他の入植者たちは、当局の入植奨励キャンペーンに惹かれて主に仕事を求めてやって来ているが、このワカーラ地区の人々は移住の動機も違えば、その後の暮らし方も違っている。彼らは国に養われているのも同然で、提供された住宅に住み、定期的に食糧の配給を受けているのだ。ダーフラに到着して二十数年を経た現在、「産めよ、増やせよ」令が功を奏して出生率が高いことは、この限られた地区内に幼稚園、小学校が複数あることからも想像がつく。

一方でムハンマド六世国王は、国際社会に向かって、住民投票による和平を「もはや期限切れ」と一蹴し、自治案こそが唯一可能な解決案と主張しているというのに、このワカーラ地区の住民を今もなお維持し続けているのは何故だろうか。モロッコは、住民投票が回避不可能であることを、予測しているのではないか。住民投票から逃れられなくなった時に備えて、有権者の水増し手段としてワカーラ地区を維持しているのではないか。私たちの車は丁度食糧の配給作業に居合わせたが、作業に携わっていたのは軍隊だった。二十数年前から国が養い維持するこの地区に、一体どれほどの資金が注入されてきたことだろう。

軍による食糧配給。ワカーラ地区。2017年5月、著者撮影。

スペインの無形文化遺産

ブーフさんが、スペイン植民地時代の有形文化遺産の保護に身を投じているサハラーウィなら、もう一人の人物ブラーヒーム・ハメイヤーダさんは無形文化遺産の消失を喰い止めようと努めているサハラーウィだ。スペインの哲学者、ミゲル・デ・ウラムノ（一八六四―一九三六）の名を冠した、西サハラで唯一のスペイン語塾「アカデミア・デ・イディオマス・ウラムノ」（ウラムノ語学塾）を運営している。これがハメイヤーダさんの「砦」だ。旧スペイン領サハラがモロッコに占領されて以来、ここではスペイン語を話せる住民が著しく減少する傾向にある。占領国モロッコが施す外国語教育はフランス語であるため、サハラーウィ住民の若い世代はスペイン語を話さないのだ。この現象に危機感を抱いたハメイヤーダさんと同世代の仲間五人は、まず二〇〇二年にＮＧＯの形態をとってスペイン語クラスを開いた。カナリア諸島にある「旧ビリャ・シスネロス住人の会」が協力の手を差し伸べ、その後本格的に場所と教師を確保して塾として運営できる見通しがつき、二〇一四年開校に辿り着く。ただ、経済的理由から、そして当局に対しサハラーウィとしての真意をカムフラージュするために、英語と仏語のクラスも併設した。スペイン語クラス開設などはもっての外だった前国王ハサン二世の時代に比べると、現国王の治世下では確かにスペイン語に対する弾圧は緩くなっているが、用心するに越したことはない。スペイン語教師はカナリア諸島からやって来るネイティヴで、年に一度は、サハラーウィ女性を対象に無料で二ヵ月の速習講座を開いている。

ところで、スペイン教育省はスペイン語を母語としない人たちのためにＤＥＬＥ（Diplomas de Español como Lengua Extranjera）という検定試験を設けており、世界中に散らばるセルバンテス文化センターがこれを実施している。ハメイヤーダさんの塾はこのスペイン語の権威から公認を得て、二〇一五年からＤＥＬＥの試験を毎年実施できるまでになった。検定試験は在モロッコのセルバンテス文化センターから送られてくる試験官が担当し、賞状授与式も同センターの役員により開催される。

スペイン語クラスにはモロッコ人もいるが、ここに通うサハラーウィの若者たちの動機は、

ハメイヤーダさんの語学塾
2017年5月、著者撮影。

親たちから受け継いだスペイン文化に対する愛着の他に、カナリア諸島との取引商売などの仕事を目指す者、そしてスペイン国籍取得に必要な条件という理由もある。占領が続く一方で、国際社会は自らに課した和平プロセスを実現できずにいる現在、外国に暮らすことを選択肢とする若者が増えても不思議ではない。ハメイヤーダさんは、若者たちの動機と自分のスペイン語に対する執着の間にズレがあっても当然だと言う。大事なことは「守り続けてゆく精神」だそうだ。

植民地宗主国スペインは、ブーフさんとハメイヤーダさんの国を放棄したが、二人はそれに続くモロッコの占領に対し、自ら盾となってスペイン文化を護っている。その砦となっている教会にも、塾にも、パネルに貼られた植民地時代のビリャ・シスネロスの写真、ありし日の砦が映るセピア色の写真が置かれていた。

モロッコの占領下にある西サハラでは、スペイン語教育が施されていないにも拘わらず、例えば街頭デモや集会、裁判などの映像では、スペイン語のシュプレヒコールが叫ばれ、プラカードにはスペイン語で綴られた文句を見受けることがしばしばある。これは、西サハラとモロッコではそれぞれに植民地の歴史が異なること、二つの旧植民地を画す一線が、モロッコがフランス植民地から引き継いだ言語とは異なる言語、スペイン語であることをアピールし物語っている。同時にまたサハラーウィは、脱植民地化を全うせずに西サハラを放棄した旧宗主国、スペインに対してこそ声を届けようとしている。前述した、スペイン人ボランティアを夏休みに招いてスペイン語を学ぼうとした人権団体メンバーたちの志も、ここにあるだろう。国際法上、ポルトガルがかつてインドネシアに占領された東ティモールの施政国であったように、スペインは今もなお西サハラの施政国とされる。たとえ和平案が国連主導の下にあるとはいえ、脱植民地化の鍵そのものは、スペインの手中にあるのだ。

ハメイヤーダさんの語学塾でスペイン語の試験結果を見るモロッコ人とサハラーウィの生徒。2017年5月、著者撮影。

さて、ハメイヤーダさんの話には、後日談がある。現地でお会いした翌年、既にスペイン国籍を持つハメイヤーダさんは、息子さんの国籍取得申請のためにグラナダへやってきた。街角のカフェで待ち合わせ、再会を喜ぶ挨拶を交わした瞬間から、私はこの人がダーフラで会ったあのハメイヤーダさんなのかと呆気に取られた。声色、表情、仕草や姿勢、何もかもが違っていたのだ。ダーフラのハメイヤーダさんより一回り大きくなったというのは失礼だが、グラナダのハメイヤーダさんには何か風格が備わっていた。

違いの出所はいとも簡単だった。グラナダのハメイヤーダさんは、占領の見えない重圧から解放された状態にあったのだ。もしグラナダで再会することがなかったら、私には、声細で、シャイで、体躯をすぼめるようにして椅子に座るサハラーウィがハメイヤーダさんの像として残っていただろう。おまけにグラナダでは、息子さんの収監や甥ごさんの死亡など、ダーフラでは語ってもらえなかった出来事を知らされた。

その後しばらく経ってこの再会を反芻した時、あの日のハメイヤーダさんの軽快さには、グラナダという場所柄に加えて、プラスアルファもあったのではないかと気が付いた。ちょうど国連安保理が決議二四二四号を採択して、ケーラー個人特使に対し早急な当事者間協議を要請していた。米国は、MINURSOが三十年近い駐屯を続けることに強い拒否反応を示し、協議再開を求めていた。国連和平のエンジン再稼働の音が響いて来ていたのだ。ハメイヤーダさんは「息子のスペイン国籍取得よりサハラーウィ国籍取得のほうが早いかも知れない。何しろスペインの役所仕事はのろいから」と冗談を飛ばした。のろい役所仕事をからかうというより、国連和平の成就が待ち遠しくてならない心模様が垣間見える冗談だ。

第四節　占領支配が作り出す生き方

俄かガイドさんの呟き

ダーフラでハメイヤーダさんのスペイン語塾を訪れた時、スペイン植民地時代に映画館だった建物の場所を尋ねると、その場にいたサハラーウィの一人が車で連れて行ってあげようと申し出てくれた。旧映画館は今や廃屋同然ながら、砦のような憂き目に遭わずに今もそこにある。というのも、一九七五年十一月のマドリッド協定後にスペイン人たちが引き揚げていった時、あるサハラーウィがスペイン人の映画館オーナーから買い上げたそうだ。しかしその所有者は最近亡くなってしまい、遺族はおそらく売却を迫られるだろうと俄かガイドさんは言っていた。一人で車を下りて、ぐるりと周りを歩きながら、スペイン植民地時代にエル＝アイウンの映画館で小遣い稼ぎをしていた、サハラーウィの友人の子供時代の話を思い出した。友人は持ち金でガムを買い込み、包みをバラして、映画館に入る大人たちに一枚単位でガムを売っていたそうだ。この話を聞いた時、私には、パレスティナ人作家ガッサーン・カナファーニーの短編小説(2)

(2) 一九三六年—一九七二年（イスラエルの諜報機関による暗殺）。代表作は『太陽の男たち』、『ハイファに戻って』。菓子パン売り少年の短編は「路傍の菓子パン」で、家族の生計を背負って靴磨きやパン売りをする少年と担任教師の物語。二人の主人公に、パレスティナ人民が備え持つ、苦境を生き抜く力強さと優しく繊細な感受性が感じられる。いずれも『ハイファに戻って／太陽の男たち』（河出文庫）所収。

に出てくる菓子パン売り少年の像に幼い頃の友人が重なってしまい、売れなかった日の心模様まで見えてくるようで微笑ましく、気に入った。ダーフラの映画館にも、そんなサハラーウィ少年がいたのかもしれない。

俄かガイドさんの祖父は、ビリャ・シスネロス市でサハラーウィとしては初めて、スペイン人市長の助役を務めた人だったそうで、おそらく氏族の名士だったのだろう。自分の名前は明かしてくれない人だったが、その時は車の中で二人きりだったからだろう、こちらが尋ねもしないのに、占領下に暮らすことについて胸襟を開いてくれた。もしかするとこの時、このサハラーウィの心の向きは、私が十年前にエル＝アイウンのパーティー会場で会った女性看護師のそれに近かったのかもしれない。

「自分の国に生まれ暮らしながら、そこは自分の国ではない、この状況に耐えて行けなくなって、スペインに暮らした。スペインでは、周りを気にすることなく、どんな言葉でも口から吐き出せた。けれどもそこも自分の国ではなく、言葉が空しく響く。郷愁が募り、スペインでも暮らして行けず、結局ここへ戻ってきた。」

面従腹背

占領支配の中で生きる人々は、占領者とどんな構えで生きるか、これを一人一人が胸に決めなければならないのかもしれない。

ブーフさんは投獄や暴力行為の被害者となり嫌がらせを受け続けているが、それでも自分の砦を築き上げ、フェイスブックでは思いの丈を表現できるまでになった。おそらくモロッコ当局とても、バチカンの息がかかっていることにひるんで、もはや横暴なことはできないのだろう。それに障害者児童施設の運営を通し、ブーフさんはモロッコ人入植者からの人望も篤いに違いない。

語学塾のハメイヤーダさんは、首尾よく砦は築けたが、石橋を叩いて渡らねばならない。一体何が災いして、いつ塾が閉鎖される羽目になるか誰にも分からない毎日だ。ハメイヤーダさんから塾やダーフラのサハラーウィの生活、破壊された砦の話を聞いていた時、相手が言葉使いに慎重なことに気付いた。例えば、モロッコ人という名詞が口にされない。「北の人々」と言う。話しながら、何度か挟まれた言葉「最終目標は私も一緒ですよ」は、独立解放を意味していたものだ。

俄かガイドさんは、「ここでは、自分の行動は自分一人の問題では済まない、影響は家族にのしかかってくる」と呟くように言っていた。この人の場合、家族は親や妻子だけを指すのではなく、おそらくは一族のことだ。名のある家系図を背負った人のようだから、胸に宿る葛藤は複雑に違いない。

モロッコ当局に睨まれているサハラーウィだけではなく、ここに生きるサハラーウィにとって、当局の圧力は自分一人の問題ではなく、家族が日常生活の中で差別や嫌がらせに遭い、あるいは逮捕につながる罠が仕掛けられることも覚悟していなければならないのだ。人々は、何も言わないが、抵抗している。嫌がらせや監視を受けないで済む、ごく当たり前の生活に、できる限り近付こうとすれば、何も言わないことこそが抵抗の行為なのだ。面従腹背、私がこの熟語を初めて知ったのは沖縄史の文脈だったが、占領下で生きる人々に共通した昔からの術に違いない。

十年ほど前のある日、占領地のサハラーウィ人権活動家から連絡が入り、彼の友人の生物学の研究者がグラナダ大学に行くが、スペイン語ができないから、アパート探しなど、グラナダ生活の出だしを手伝ってあげて欲しいと頼まれた（その十年ほど前に、私はパリを引き払い、スペインのグラナダに移り住んでいた）。やって来たサハラーウィはおとなしい青年で、結局早朝から夜遅くまで研究室に閉じこもって過ごし、アパートには眠りに帰るだけのグラナダ暮らしだった。

当時私は西サハラ支援団体の中で、占領地向けの薬を募り集めては、現地に届けるための算段をつける役目を担っていた。占領地ではデモや集会で毎回負傷者が出るが、サハラーウィは病院を警戒し、よほど必要に迫られない限り自宅治療を選ぶ。薬は、集めるのは容易かったが、届けることは難しかった。郵送すれば占領者の税関で箱を開けられ没収されてしまうか、通してもらうには係官に袖の下を渡さねばならない。リスクの少ない道は誰かのトランクで運んで貰うことで、ほとんどの場合、カナリア諸島に暮らすサハラーウィの協力で実現していた。そんな事情を抱えていたため、この青年の帰国日が近づいた時に、薬の運び屋を頼んでみた。相手はためらいの片鱗すらなく快諾してくれたので、現地にその旨を連絡した。ところが、現地からはストップがかけられた。「この青年は数少ないサハラーウィ学者で、経歴が無傷のまま研究を続けてもらいたいから」という理由だった。たかが薬の運び屋、けれどもトランク検査で万一不審に思われたら、これまでの仲間たちの気遣いが水の泡になる。当局のブラックリストに名が載っているサハラーウィが体を張って護っているのは、西サハラの解放という大義だけではない。こうした前途有望な仲間の将来、そしてゆくゆくは解放された西サハラの将来なのだ。

占領支配体制というのは、町や村で人々がどれほど平穏に暮らしているように見えても、一人一人の胸の中を多かれ少なかれ蝕み、理不尽な葛藤を生みだしているに違いない。

一九九〇年代のことだった。モロッコ南部出身のサハラーウィ学生がパリで、文化人類学の博士論文を準備していた。パリで西サハラ解放の活動をしていたため、故郷の母親と妹は当局からの嫌がらせに苛まれていた。博士号を取得し、本人は家族をフランスへ呼び寄せるつもりだったが、母親が病気に倒れて外国暮らしを拒み、その夢は弾けてしまった。かといって、自分はモロッコには帰れない。家族に仕送りをしながら先々のことを模索していると、モロッコ当局が接触を試みてきた。ラバトのムハンマド五世大学にポストがあるという。当初はこれを友達仲間と笑いの種にして、ハサン二世の手に口づけして忠誠を誓う行為を真似るなど、本人にとってラバト行きは言語道断の選択肢だった。しかし次第に仲間と距離を置くようになり、一年ほど経つといなくなった。誰がどんなに連絡をとろうとしても、無駄だった。ネット検索で知る限り、現在はモロッコの大学で教壇に立っている。これは果たして世を忍ぶ仮の姿なのか、それとも彼は何かを完全に断ち切ってしまったのか。

また、独裁体制同様、占領支配体制も、特異な社会層を作り出す。第四章のグデイム・イジークをテーマとした節で、テント村壊滅後にエル＝アイウンに入ったエル＝ムンド紙のアナ・ロメロ記者がチャット記事の最後で言及していたサハラーウィたち、いわゆる協力者だ。モロッコ領サハラを唱えて表舞台に出ている人もいれば、舞台裏で動く人、つまり密告活動をするスパイもいる。

二〇〇七年にエル＝アイウンで私が偶然入ったパーティー会場で、遠巻きに見たＮＧＯ「オルタ・フォーラム」会長のバシール・エドヒルや、かつてはポリサリオ解放軍指揮官で、モロッコに寝返った後はスマーラ州知事を務めたオマル・ハドラニーがそうだ。また協力者としての最高ポストに就いたサハラーウィとして、モロッコの駐スペイン大使となったアフメッドゥ・

スイレムがいる。ビリャ・シスネロス生まれのこの人物は、当地の有力氏族の長の息子で、ポリサリオ戦線の中でアンゴラやパナマの大使を務めたが、二〇〇九年にモロッコへ渡り、国王に忠誠を誓った。そして翌年には駐スペイン全権大使に任命される。外交舞台の経験があるとはいえ、旧スペイン領サハラ出身者がモロッコ大使としてスペインへ送られてくるのだから、手腕を買われてというよりも、明らかに政治的意味合いが濃厚な配置だ。接受国スペインとしても、承認するのにほぼ二ヵ月を要したほど微妙な案件だった。おまけに、任命が発表されたのは、二〇一〇年十一月、つまりグデイム・イジーク抗議村の直後だった。この任命の場合、大使としての存在価値がモロッコ領サハラを主張する西サハラ出身者にあり、これを売り物にするのであるなら、裏返せば西サハラ・モロッコ領説自体は信憑性が薄いと認めることに繋がらないか。こんな逆説的な大使任命は、モロッコの外交活動が一貫して西サハラ問題を軸にしていることの表れでもある。現に、モロッコの対外協力・援助関係では、相手国がＲＡＳＤ承認国となると、必ずＲＡＳＤ承認取り消しや凍結が条件として迫られる。

　こうした表舞台に立つ協力者たちとは別に、素性を隠して動く協力者たちの存在を耳にしたことはあるが、当然ながら私は会ったことはない。というより、会っていてもそれとは気付かなかっただけかもしれない。イスラエル協力者となったパレスティナ人をテーマにしたドキュメンタリーがアル＝ジャジーラのテレビで放映されことがあったが、強請りや、家族にまともな病院治療を受けさせる便宜を図るなど、占領者は個々人の弱みや、抱えた問題を巧みに利用する。こうした活動に身を投じる人たちは、決定的な動機が病の治療や貧困からの脱出などヒューマンなものでも、解放を求める人民共同体の中に生きる自分を自覚しているなら、「裏切り」行為の実行にあたっては、おそらくそのヒューマンな個人的動機だけでは不十分だろう。そこで自分自身のために、何か共同体に関係した理由づけを探そうとする。それは組織への批判だったり、悲観主義の正当化だったりするが、こじつけと大差はない。協力者と呼ばれる人々の内側では、絶えずこんな懊悩のプロセスが巣食っている気がしてならない。

四十年を越すモロッコの占領支配が、外部からの目には「後戻りのできない現実」に映ったとしても、国際法上でサハラーウィ住民に主権が認められている限り、礎のない家も同然だ。一方、難民キャンプでは占領とは異なる別の厳しい条件下で、サハラーウィ社会は生き延びている。次章では、もう一つの、ただし国際正義という礎の上に築かれた「後戻りのできない現実」へと入ってゆく。

第七章 期待と失望の四十余年

「難民生活四十余年」と一口に言っても、キャンプが出来た当初にそこで産声を上げたサハラーウィは、今、四十歳を越えている。その中にはすでに孫のいる人たちもいるだろう。親子三代に渡って、難民キャンプに生まれ暮らしていることになる。当然、難民キャンプの生活風景も変わる。一貫して変わらないのは、サハラーウィの祖国解放への意志と、海外からこれに連帯する人々の熱意だ。

第一節　戦争でもなく、平和でもなく

キャンプ社会に生まれた変化

一九九一年九月の停戦が、難民キャンプ社会にもたらした変化は多々ある。一番顕著な変化は、前線に就いていた男たちがキャンプに戻り、またキャンプ生まれの青年男子が前線に送られることもなく、社会活動に参入するようになったことだ。規模としては限られているが、建設、運搬、それに警察などの分野だ。またスペインをはじめとしたヨーロッパ諸国へ出稼ぎ移民となって渡るサハラーウィも増えた。第二章第一節で少し触れたように、スペイン政府の年金が一部のサハラーウィに届き始めて、キャンプ内に現金が流通するようになっていた

ブージュドゥール・ウィヤーラの食料品店。出稼ぎ労働者の収入がサハラーウィ難民の食料事情を支えていることが伺える。2019年3月、岩崎有一氏撮影。

が、停戦後の出稼ぎ労働者の収入はさらにその現象を顕在化させた。キャンプのなかに現金を手にする家族が生まれ、そうではない家族との間に少しずつ生活水準の格差が生まれ始めた。また、教育、保健医療、官庁など難民キャンプ社会の支柱となる部門で働く人々には、二〇〇五年あたりからサハラ・アラブ民主共和国政府から僅かながら給与が出るようにもなった。

図書室ブービシェール。
スマーラ・ウィラーヤ、2017年10月、著者撮影。

　現金の流通には、停戦後に活発化した外国のＮＧＯの現地活動も与している。あるデンマークのＮＧＯは、十八歳から三十五歳までの住民を対象にした起業プロジェクト・コンクールを設け、採用されたプロジェクトに立ち上げ資金を提供している。こうした援助活動も一助となってキャンプ内には、理髪店、食料品屋、精肉屋などの店が立ち並ぶ一角が生まれ、モノトーンだった難民キャンプ風景に、陽気な彩りを添えるようになった。

　また外国のＮＧＯが援助活動に現地スタッフを雇用し、現金をもたらすケースもある。例えばスペインＮＧＯが営む図書室プロジェクト「ブービシェール」（吉

ブービシェールの図書室の中。スマーラ・ウィラーヤ、2017年10月、著者撮影。

報をもたらすと言われる、砂漠の小鳥の名）。当初は図書貸し出しを目的にしたトラックによる移動図書室だったが、書籍数、利用者数が増えてゆき、今では各ウィラーヤに図書室が設置され、従来の移動型図書室とともに数名のサハラーウィ職員が運営に従事している。

四十余年を迎える難民キャンプの風景も変貌した。その一つは、あちこちの道ですれ違う五～十頭のヤギの家族だ。一九八六年に私が最初に難民キャンプを訪問した時にはヤギ小屋はまったくなかったが、その後少しずつ見受けられるようになっていた。やがて外国からの援助で大量のヤギが届き、今日では家屋の連なる一帯から少し離れた一角にヤギ小屋が立ち並んでいる。小屋といっても、廃品屑の金属板や針金などを継ぎ合わせて作られ

ヤギ小屋。スマーラ・ウィラーヤ、2017年10月、著者撮影。

た単なる囲いで、このヤギたちは朝方に小屋から出されると、日が暮れるまでキャンプ内のあちこちを自由に歩き回っては草を食んでいる。そして夕暮れ時になると飼い主が残飯の入ったバケツを小屋へ運んでくるので、ヤギ家族は自分たちの小屋へ戻ってくる。先に述べた、ハイマ（天幕）だった住まいが建造物にとって代わられた背景には、水害のほかに、実はこのヤギによる被害もあった。闊歩してまわるヤギたちがテントの布を食べていたのだ。

家屋はハイマから建造物に変貌しても、家の中はかつてのハイマの雰囲気が保たれている。家によっては内壁に布を張ってハイマの空間を視覚的、触覚的に再現しているところもある。人々はゴザとカーペットの重ね敷かれた床に座り、そこで食べ、眠る。昔の日本の生活様式に似て、食事時には飯台が置かれ、就寝時には寝具が敷かれる。窓は坐った姿勢の目の高さに小さく設けられて、ガラスの代わりに網が入っている。ガラスを使わないのは費用が嵩むからだが、当初はガラス窓を作れるサハラーウィがいなかったこともその理由だった。人々は網と板で二重になった窓にすっかり馴染んでいった。砂嵐など悪天候の時、そして就寝時には、この板窓を閉ざす。しかし最近はアルミ枠のガラス窓を作る職人がでてきて、ガラス窓もぼちぼち見受けられるようになった。

小窓からは、抜けるような青空を背景に、行き交う人やヤギたちが見える。人々は建造物になった今の住まいもハイマと呼び続け、以前同様、そこには女主人の名が付けられている。

サハラーウィの生活習慣には切っても切り離せない、茶を淹れる習慣も健在だ。サハラーウィの茶は煮立てて淹れる。難民キャンプでは、茶を淹れるのに長いこと小型ガスボンベが使用されていたが、最近は伝統的な木炭に戻っている。この木炭も万屋《よろずや》の店頭にならぶ商品で、モーリタニア北方のチーリス・ゼンムール地方で生産されている。お茶だけでなく、できれば料理もこうした燃料を使って準備した方が味も一段と上がるが、経済的にそこまでの余裕はないのが現状だ。

サハラーウィの茶は、ゆっくりと間を置いて三杯淹れられる。「一杯目は人生のように苦く、二杯目は愛のように甘く、三杯目は死のように優しく」淹れるのがコツで、遊牧民の人生観が

茶を淹れる女性。スマーラ・ウィラーヤ、2017年10月、著者撮影。

滲んでいるような淹れ方だ。時々、粒状の乳香を炭火に落とし入れて焚くこともある。遠い昔、キャラバンが運んでいた物品の一つだ。その香りは、世の中が変わっても、座する人に先人が享受した時空間を醸しだしてくれるような、そんな深みを感じさせる。

停戦になって、モスクも作られた。といってもミナレットのそびえ立つ立派なモスクではなく、ただの立方形をした礼拝所だ。私が聞いたアザーン（礼拝への呼びかけ）の声は、立派に磨きのかかった声音ではなく、砂色の立方体モスクに似合った愛嬌のあるものだった。

サハラーウィはイスラーム教徒だが、伝統の遊牧社会ではハイマの中、あるいは放牧の原野で祈りを捧げ、毎週金曜日にモスクに集団礼拝に出かける習慣はなかった。現在の難民キャンプは一種の定住社会だが、モロッコとの解放戦争が続いていた時代は、万が一に空爆の的になることを危惧してモスクは建てられなかった。

しかし国連和平による停戦後、とりわけここ数年間にモスクの建造が増えてきている。聖典を始めとした宗教関係の書物が、外国からの援助物資としてキャンプに贈られることも関係している。今のところテント集落が金曜礼拝の空気に包まれることはないが、遊牧社会に育まれたイスラームも、言語のハサニーヤと並んでサハラーウィのアイデンティティを形成してきただけに、伝統と当世流が対峙しながらこの先どういう変化が生じていくだろうか。イスラーム原理主義の影響も軽視できない現在、イスラームはサハラーウィ社会にとって一つの課題になるだろう。

風景の変化としてもう一つ、家庭菜園がある。十年ほど前から、開発省の指導の元に、ハイマの脇に一〇メートル四方の家庭菜園がぼちぼち見られるようになってきた。それも農薬や殺虫剤を使用せず、家畜の糞と野草を混ぜて三ヵ月ほどで出来上がる堆肥を用いた有機栽培だ。家庭菜園の収穫物が住民の食生活向上に一役かっていることは確かだ。予期せぬ豊作時には換金作物にもなる。それに難民として暫定的な土地に生まれ育つ子供たちにとっては、植物の成長と結実に触れることは精神的な豊かさを育むことにつながるに違いない。

頑丈でエコな住まい

難民キャンプ生活の変遷は家の中にもある。ハイマの光源、これも四十年の間に画期的な変化を辿ってきた。最初の十五年以上は、ガスボンベの上に取り付けられたガス灯だけが夜間の明かりだった。やがてソーラーパネルがあちこちのハイマ脇に立てられて、裸電球が普及した。そして近年ではアルジェリアの援助で次第に電線が敷設され、現在ではエル＝アイウンのウィラーヤを除いて全てのウィラーヤに電力が無料で供給されている。そこで、家屋の一室にエアコンを取り付けた家が急激に増えつつある。夏場の気温は50度を越え、冬は最低気温が零下になることもある砂漠地帯のため、この異例の援助がもたらしてくれる快適さは格別だ。

一方、電気による快適さではなく、土地の条件を考慮し利用したエコロジーな家屋建設に挑む青年がいる。アウセルドのウィラーヤに生まれ育ち、アルジェリアとスペインの大学で建築学を学んだタターフ・レフビーブさんは、難民キャンプで廃棄されるペットボトルと砂を建材にして、砂嵐、太陽熱、そして最近の雨に耐えられる建物を考案した。二十七歳のタターフさんは、大好きなお祖母さんが砂嵐の日に公民館に避難する途中、脚を怪我して歩行困難になったことが引き金となって、お祖母さんが少しでも快適に暮らせる家を造ろうと考えを練ったのだ。

建造中のペットボトルの家。
アウセルド・ウィラーヤ、2017年10月、
著者撮影。

布製ハイマや日干しレンガの家は、集中豪雨や長期の雨、砂嵐に弱い。そこで編み出されたのが、砂の詰まったペットボトルを寝かせて積み重ねた円筒形の小屋だ。壁が流線型なので風や熱から受ける被害を軽減させ、ペットボトルの長さが壁の厚みとなって暑さと寒さを緩和してくれる。小窓が高い位置と低い位置に設けられ、室内で空気が還流するように配慮されている。タターフさんは人々からマジュヌーン・アル＝カールーラ（ボトル狂い）とあだ名をつけられながらも、周りから幅広い手助けを得て、初の作品を完成させた。

すると国連難民高等弁務官事務所（UNHCR）がこれを評価し、パイロット・プロジェクトを若い建築士に託すことになった。こうして、およそ六千本のペットボトルを用いた小屋を、現在では五つのウィラーヤに計二十五軒建設中だ。タターフさんの活動は単に建設するだけではない。自ら育んだ砂漠のエコロジー理念を人々に理解し共有してもらうために、集会を催しては語り歩いている。「ペットボトルの家の建設よりも、人々の納得を探るほうがよほど難しいです。誰もが安易なエアコンのほうを選びたがりますから」と苦笑いしたタターフさんだが、将来に挑戦する若者の気力が張っていた。

ペットボトルの家の他に、もう一つ国際機関の評価を受けた難民キャンプ発祥のプロジェクトがある。農業技師のターレブ・ブラーヒームさんの起案した「砂漠で栽培」は、二〇一七年、国連世界食糧計画（ＷＦＰ）が行ったコンクールで一位を獲得した。「砂漠で栽培」は秣《まぐさ》の水耕栽培計画で、早速ドイツとカナダ両政府の支援を得て、難民キャンプの三百世帯で試行された。その成果はめざましく、ヤギの乳の量が増加し、食肉は質が向上し、ヤギの死亡率は低下した。今後この計画は、米国の支援を受けて拡大される予定だ。さらには、アフリカの他の国々がこの栽培に注目しており、既にチャドの政府代表が難民キャンプを訪問して、秣の栽培を視察している。

ヤギの秣栽培。ブージュドゥール・ウィラーヤ、2019年3月、岩崎有一氏撮影。

バーディヤ

サハラーウィ難民たちが過ごす場所は、難民キャンプだけではない。バーディヤ（平原）と呼ばれる解放区もそうだ。モロッコによる占領を免れた西サハラ、つまり本来の自分たちの国の一部である解放区は、一九九一年九月の停戦前までは戦場であったため、戦闘員以外のサハラーウィはごく稀にしか入れなかった。停戦後は、昔ながらに家畜を連れて移動するサハラーウィの遊牧地、また体調がすぐれない人たちのための保養地になっている。

保養といってもその種の施設があるわけではなく、かつての遊牧生活のようにテントで暮らす、ただそれだけのことだ。バーディヤも砂漠地帯だが、気候は難民キャンプのように極端に厳しくはなく、時期によっては蝶や鳥が飛ぶほどの植生も見られる。バーディヤと難民キャンプでは、こうした自然環境の違いがあるが、サハラーウィにとっては何にも増して「自分の国」にいるという充足感が、病んだ身体や精神にとって良薬になるのではないだろうか。

キャンプ内に貼られた地雷警告ポスター。
2017 年 10 月、著者撮影。

この解放区の、西サハラ東南部の村ミージークに診療所建設の計画もある。一帯を遊牧するサハラーウィたちのためだ。ただ、モロッコが築いた壁にそって地雷原があるため、これを充分に考慮して動かなければならない。地雷は豪雨や砂嵐により移動しているため、壁付近の地雷原だけにあるとは限らず、二〇一八年には地雷による死傷者は計十八人（死亡二人）に上っている。

ポリサリオ戦線は対人地雷全面禁止条約を二〇〇六年に批准し、それ以来、国連地雷対策サービス（UNMAS）やMINURSOの責任者たちの立ち合いのもとに、地雷廃棄作業を行っている。二〇一八年には四千九百八十五基の対人地雷と八基の対戦車地雷を廃棄し、この十一年間で総計二万四百九十三基が廃棄された。これに対しモロッコはこの条約を批准していないために、廃棄を実施しておらず、壁の向こう側、西サハラの占領地からは毎年のように死亡事故のニュースが届いている。

なお難民キャンプには「サハラーウィ地雷被害者の会」（Asociación Saharaui de Víctimas de Minas）というNGOがあり、海外からの援助を受けて被害者たちの支援を行い、地雷撤去作業にも参加している。

最近では、バーディヤで婚礼の宴を催すカップルが出てきている。知り合いのセルカさんは、物心つ

地雷廃棄の煙。2007年12月 解放区のチーファーリーチー、著者撮影。

いた頃から解放区に入ることを夢見ていたが、それがやっと叶えられたのは結婚の機会だった。自分の家族には車や家畜を所有する人がいなかったために、結婚前は解放区入りの夢を実現できなかった。夫家族にはそうした手段があり、婚礼の宴を晴れて祖国の地で催すことができた。サハラーウィの祖国には先祖から言い伝えられた数々の薬草が生えており、その後も時々バーディヤを訪れているセルカさんは、自分が摘んできたカムシャ（ハサニーヤ語で「拳」の意）と呼ばれる整腸効果のある薬草を見せてくれた。拳と呼ばれるのは、種ができる時期になるとそれを守るためにカムシャは茎やガクを包み込むように丸めて、拳のような形になるところから来ている。またハサニーヤ語ではケチくさい人のことを「カムシャ」と言う。

第二節　世界の果ての映画祭

連帯する映画俳優

難民キャンプで活動する海外のNGOの一つに、外国の映画関係者が参加する「サハラ国際映画フェスティバル」Ｆ·ｉＳａｈａｒａ（Festival Internacional de Sahara）がある。二〇〇三年に開始されて以来、毎年ダーフラのウィラーヤで、文字通り満天の星の下で五日間に渡って二十本から三十本の映画が上映されるという画期的な活動だ。英国のザ・ガーディアン紙は「世界の果ての映画祭」と銘打った。受賞作品にはトロフィーとして、白いラクダが一頭贈呈される。

最初の八年間は夜間の上映と、昼間には若者たちを対象にした映像ワークショップを併設していた。ところがこの昼の部が予想以上に成果を上げ、二〇一〇年には視聴覚養成校が創設される運びとなった。養成校は、かつて西サハラ戦場レポーターだったアビディン・カーイド・サーレフの名を戴いている。一九五四年に西サハラ中部のゲルタ・ゼンムールに生まれたカーイド・サーレフは、解放闘争の初期から戦闘を撮り続け、一九八三年に戦場で負傷。しかしその後もハンディをのり越えてレポーターとして活躍し、二〇〇三年に亡くなった。

『雲の息子たち』ポスター

この映画祭には世界的に著名な俳優も参加している。二〇〇八年に、スペインのハビエル・バルデムが主演作『海を飛ぶ夢』を、二〇一五年にはヴィゴ・モーテンセンが主演作『涙するまで生きる』を出品して参加した。バルデムはこの時の難民キャンプ滞在がきっかけで、映画人として西サハラの解放に役立ちたいと模索した結果、二〇一四年に『雲の息子たち――最後の植民地』というドキュメンタリーを制作し、自ら出演している。このドキュメンタリーは、西サハラ問題をめぐるフランスの政治家たちの親モロッコ体質を暴き出しているため、フランス国内の上映は数年間ボイコットされた。

ハビエル・バルデムは『雲の息子たち』の制作以外にも、連帯活動を続けている。スペイン政府に対し、ポリサリオ戦線を外交団として承認するように求める署名キャンペーンを行い、また国連総会の脱植民地化委員会で発言をするなど、西サハラ解放支援を続ける映画人だ。「最後の植民地」という映画サブタイトルからも読みとれるように、自国スペインが西サハラの旧宗主国で、脱植民地化プロセスを放棄したことに、彼の活動の動機がある。

連帯する映画作家

海外からの映画祭参加者の中には、参加それ自体が大きな政治的意味を備えていた人物がいる。二〇一三年に参加したモロッコ人の若手作家ナーディル・ブーフムーシュで、上映作品は『私のマフゼンと私』だ（マフゼンはアラビア語で「蔵」を意味し、モロッコでは官僚、軍部、伝統的支配層から成るモロッコの権力体制を指す）。映画はモロッコで二〇一一年に生まれた市民運動「二月二十日運動」とこれに対する権力側の弾圧の手管を描いている。この運動は「すべての者に尊厳を！」をスローガンとして、絶対権力を握る王室と、その周辺で富を独り占めする一握りの政治家や軍人に対し怒りを噴出させたが、最終的には官憲による弾圧と、憲法改正に向けた国民投票という巧みな手法で塞き止められていった。

『私のマフゼンと私』ポスター

この映画の中に出てくる、裏組織を使ったモロッコ特有の運動鎮圧の手管は、西サハラの占領地においても常時機能している構造だ。

一つはバルタジーヤと呼ばれる、金をもらって動くチンピラ部隊で、棒やナイフ、小斧を手にデモ参加者を襲う。第四章に述べたグデイム・イジーク抗議キャンプ村の壊滅後、エル＝アイウンの町をうろついた集団だ。公衆の面前でデモ隊に対し暴力をふるうため、逮捕はされる。しかし即時釈放に処されるか、もし重大な殺傷事件になれば裁判で求刑されるが、刑期満了前に出所できるという筋書きが用意されている。

もう一つはプロパガンダ部隊で、華々しい国王礼賛のシュプレヒコールを上げ、民衆の声として報道関係者の前に登場する市民だ。この部隊はモロッコ国内だけではなく、ヨーロッパ諸国にまで散在しており、何処かでモロッコの体制を批判する示威行動が予定されると、そこに集まり現れる。私の住むグラナダでもこの部隊が登場したことがあった。

それは二〇〇〇年、グラナダ大学がムハンマド六世に名誉博士の称号を授与することになった時、スペイン国内でこれに異議を唱える世論が高まり、グラナダで大規模なデモが予定された。するとスペイン国内は勿論のこと、フランスからも貸切バスでモロッコ人プロパガンダ部隊がグラナダに到着し、国王に対する民衆の信奉の厚さを標榜するためにデモ行進を行った。バルタジーヤやプロパガンダ部隊など、ナーディル・ブーフムーシュのカメラが捉えるモロッコは、異国情緒あふれる旅行者向けの国ではない。むしろその恥部に光を当てる映像作家であるため、既に国内での活動は難しくなってきている。ブーフムーシュ監督は米国在住だが、西サハラの占領を語ることがタブー視されているモロッコの人間として、映画祭に参加し、そのワークショップでサハラーウィの若者たちに教示する活動に参加することは容易な決意ではなかったはずだ。かつて、西サハラ占領直後の一九七七年、『サハラは売り物じゃない』という、前述の唄名をタイトルにして、西サハラのドキュメンタリー映画を作ったレバノン人映像作家がいた。故ジョスリヌ・サアアバ監督は、三十六年前のこの作品が原因で、二〇一三年度のマラケシュ国際映画祭に参加できなかったくらいだ。モロッコ人がサハラーウィの難民キャンプで活動するには、相当の覚悟が必要になるに違いない。

ブーフムーシュ監督が映画祭参加前に行ったインタヴュー・メッセージを紹介しよう。

私にとって、この映画祭参加は大きな意味を持っています。これまで既に私は、西サハラに関して自己検閲をしなければならないことにさんざん悩みました。近々キャンプで一緒に仕事をするのは難民の人々ですが、それは私の国、モロッコが彼らの国を占領しているために、難民となった人々です。ですからこの私が、それもパレスティナの大義を支持するイスラエル人監督ガイ・ダビディ〔『壊された五つのカメラ』二〇一一年〕と一緒に、映画祭にいること自体、非常に象徴的な意味をもちます。私の願いは、より多くのイスラエル人がパレスティナを支持することなのですが、モロッコ人がサハラーウィを支持することを願わずに、イスラエル人に対してそれを願うことなどできるでしょうか。ここでは同じことが言えるのです。占領者と占領された者、入植者と難民……という具合に。

　私たちは長いこと西サハラがモロッコ領だと頭に叩き込まれてきましたが、でも誰がそれを決めるのでしょうか。ハサン二世ですか？　政府系のテレビですか？　政府が内容を左右している出版物ですか？

　私はもうこれ以上、共犯者であり続けられません。沈黙すれば、それはモロッコの西サハラ占領の共犯なのです。これから先は、民主主義、人権そして平等に対する信念に誠実で、これを貫き通して行きます。占領を非難し、モロッコ社会の中で「沈黙をやめ、恐れるのをやめ、サハラに自由を！」ときっぱり言って行くでしょう。[1]

これまでの映画祭参加作品の中には、サハラーウィを主人公にして外国の映像作家が制作し

（1）Leila Nachawati, 'El joven cineasta marroqui que defiende la libertad para el Sahara', *El Diario*, 02/10/2013.

『ザ・ランナー』ポスター

たものや、サハラーウィ自身が制作に加わって自分たちのテーマを扱うものもあった。

　サハラーウィを主人公にした映画の一つに、パレスティナ系イギリス人映像作家サイード・タージー・ファールーキーが作った『ザ・ランナー』（二〇一三年）というドキュメンタリーがある。主人公のサハラーウィ、サラーフ・アメイダーンは占領下のエル＝アイウンに生まれた。十四歳の時に走者としての能力を評価されて、モロッコのジュニア・アスレチック・チームに半ば強制的に入れられる。そして国内クロスカントリー競走でチャンピオンとなり、その後アフリカやアラブ圏の大会で金、銀メダリストとなる。

　しかし一方でモロッコの占領に反対していた彼は、逮捕や拷問に遭っている。モロッコ人として走ることに絶えず葛藤を抱いていたサラーフ・アメイダーンは、二〇〇三年、フランスで行われた八キロメートル競走に参加して、ゴール寸前のところで西サハラの国旗を掲げて優勝した。この時アメイダーンは家族にのしかかる当局の弾圧を覚悟の上で、自分の競技を祖国に捧げることを選び、自分の国の存在を世界に訴えようとしたのだ。しかし、この行為の代償は本人も覚悟していたように重く、アメイダーンは国に帰れなくなる。そして外国籍を取得することによってしか、家族に会いに行くことができない身となってしまう。映画『ザ・ランナー』では、前述のバルタジーヤがフランス国内でも現れて、アメイダーンを襲った経緯が挿入されているが、サハラーウィとして走る彼の人生のトラック上の、不正義で過酷な障害条件は計り知れない。なおアメイダーン一族には、サラーフの他にも繰り返し投獄され、拷問された者が大勢おり、外国に政治亡命している人権活動家もいる。

砂漠の核被爆

外国のＮＧＯによる定期的な活動に、医療活動もある。主にスペインの医療関係者たちによるもので、絶えず不足する薬剤や現地に有用な医療機器を運んで来ては、二週間から一ヵ月ほど活動のために滞在する。ちなみに、日本からも過去三回に渡って、有志による医療設備の支援があった。

ある研究者が、難民キャンプにおける癌の疾患率に注目し、その調査を手掛けたことがある。その結果については何も知らないが、四十年以上も続く難民生活は、食生活といいストレスといい決して健全とはいえない。その上、一九六〇年代にはフランスが、十七回に渡ってアルジェリアのサハラ砂漠で核実験を行った。現場で核実験に携わり被曝したフランス人たちが近年に

2013 年にフランス国防省が機密解除した公文書。
放射能被曝圏を表している。

なって補償を受けたことに引き続き、アルジェリアも自国の被害者たちに対する補償を求めているが、問題はまだ解決されていない。実験された核の威力はヒロシマの四倍とされ、二〇一三年四月四日にフランス国防省が機密解除した公文書によると、放射能汚染範囲は、南は中央アフリカ、東はスーダン、北はスペイン地中海岸、西は大西洋に広がっている。つまり西サハラはその実験の都度、放射能汚染に晒されていた。それに一九六〇年代の西サハラでは、旱魃はあったもののまだ遊牧生活が営まれていた時代で、遊牧民の移動圏はしばしば国境を越えていた。西サハラの癌患者たちの中には、一連の核実験と無関係ではない人たちがいるだろう。それに放射能被害は人間だけではないはずだ。

西サハラには二十世紀半ば過ぎまで、多様な種類の動物がいた。ダチョウ、猛禽類、ハイエナ、ジャッカル、キツネ、フェネック、アンテロープなどだ。とりわけ大型のダチョウやアンテロープが姿を消したのは、押し寄せた旱魃と解放戦争の影響だとこれまで言われていた。しかしフランスが公開したこの資料内容に依れば、こうした動物の消失が核実験と無関係でないとは言い切れないだろう。

第三節　詩に支えられた遊牧民魂

身近にある詩

先述のサハラ国際映画フェスティバルに出品された作品で、『レグナ　サハラーウィ詩句で語って』(Legna: habla el verso saharaui「レグナ」はハサニーヤ語で「歌」の意)という映画がある。マドリッド自治大学、文化人類学のロブレス教授とヒメロ教授そしてスペイン在住のサハラーウィ詩人アワーフが、五年の歳月をかけて作ったドキュメンタリー映画だ（アワーフは第一章で紹介した『木の板で読み書きを教えてくれた先生』の著者）。二〇一四年度映画祭で最優秀賞を受賞した。映画は十数名のハサニーヤ詩人男女が、詩句で自分たちの歴史や文化、自然を

白ラクダと『レグナ』制作チーム。*Poemario por un Sahara Libre*

謡い綴る構成になっている。詩が非常に日常生活に近いところにあるサハラーウィにとって、難民キャンプで生まれ育った若者でも、この映画の中で謡われる詩句に聞き覚えがあるものが幾篇かあるに違いない。

西サハラは他のアフリカ諸国同様、伝統文芸が口承で伝えられてきた文化圏にある。それも詩歌という形態で語り継がれてきたが、そこに表現される内容は、恋慕や悲哀の情はもちろん、サハラーウィが生きた史実であったり、共同体社会が共有した感情であったり、はたまた遊牧民の暮らしにとって移動上の情報となるような地点を詩的に描写したものなど、なかなか多岐に渡る。そして現在に至っては、祖国解放に対する士気や、占領という政治暴力の下での抵抗が謡われ、人々の心の支えになっているに違いない。

昔の西サハラの習わしでは、夫が妻の不満を買うと、機嫌を取るのに家畜、敷物、装飾品などをプレゼントするのが常だったが、詩を一篇捧げることを求める女たちもいた。食べ物や品物は消費、消耗するが、詩は永遠の中にとどまるからだ。

このようにサハラーウィの生活の中では、詩が身近な次元に存在しており、それを垣間見るような場面に、私は一度出会ったことがある。

難民キャンプで、ファツマさんという中年女性のハイマに寝泊まりしていた時のこと。茶を淹れる小型ガスボンベに火をつけるライターが切れて、彼女は隣近所にこれを借りに外へ出た。やがて戻ってくると、老齢の男性を連れていた。ファツマさんはその男性を丁重にハイマに招き入れ、茶を淹れ始めた。最初のうちは四方山話をしているようすだったが、そのうち彼女は頼み事をしたらしく、相手が快諾を示すと少女のように目を輝かせて腰を上げ、ハイマの隅にある行李を開けて紙切れを取り出し、戻ってきた。再び老人の前に座ってそれを読む口調から、私にも詩であることが分かった。じっとこれに耳を傾けた老人は、再読を促してふたたび聞き入った後、すっかり顔を紅潮させたファツマさんにコメントを述べた。

三杯目の茶が淹れられ、これをいただいて席を立った老人を見送ると、ファツマさんはすぐに私に説明をしてくれた。道端で、詩人であるこの老人を見かけた彼女は、自分の作った詩を

星空とハイマ。ブージュドゥール・ウィラーヤ、2019 年 3 月、岩崎有一氏撮影。

聞いてもらいたくて、お茶に招いたのだった。自分は詩が好きなのだと照れくさそうに付け足したが、今でも忘れられないファツマさんの表情から察するに、詩人はまずまずの点数を付けてくれたのではないだろうか。

何を謡っていたのか聞けばよかったが、それを聞き損ねた私は、紋切り型ながら、祖国への思慕か、難民生活の辛苦を乗り越えるための自己鼓舞だろうかと想像する。難民キャンプの暮らしでは、紙切れが常に身近なところにあるわけではない。「大地がささやく」[2]のを感じた途端、ファツマさんは紙か鉛筆を借りに隣のハイマに走ったのかもしれない。

西サハラには女性だけが詠むタブラアと呼ばれる詩のジャンルがあるが、ファツマさんが老詩人に聞かせた詩はその類ではない。タブラアは女性たちだけの間で詠まれ、さらには自分が作った句でも詠み人知らずの句としてお披露目したりする詩《うた》だ。粋な趣は、日本の都々逸に似通うところがある。どういった句か、二句だけ取り上げてみる。

一服欲しさに　何も言えず　聞こえず　見えないこの私
（煙草を求めている愛煙家女性の姿だが、実際は人の集う場で心惹かれた男性の唇を見つめている句）

神様の思し召し　手の届かないところにいて　私の胸中にいる貴方

サハラーウィが詩を詠む心は、日本の歌心、句心に通じるところがあるかもしれない。西サハラは口承文化圏だが、かつて文字化され編まれた詩歌集もあった。それは西サハラの聖都スマーラに建っていた書庫に、多くの書籍とともに収められていたが、一九一一年のフランス軍の襲撃で、大半が焼失してしまった。

映画『レグナ』では、先祖から語り継がれてきた詩句が謡われると同時に、伝説的で雄大な西サハラの風景が眼前に再現される。そんな祖国の風景が、四十年以上も難民として生きるサ

（2）ハサニーヤ語表現で詩的インスピレーションが湧くことを意味する。

ハラーウィの胸に湧き起こす望郷の思いは、どんなに切なく優しいことだろうか。

余談だが、最優秀賞で贈呈された白ラクダのその後について制作チームのアワーフさんに尋ねたところ、スペインには連れて帰れないので難民キャンプの詩人会議に贈り、鞍だけを持ち帰ったそうだ。その後アワーフさんが詩人たちに会った際に白ラクダのことを尋ねたところ、国境近辺で警備に当たるポリサリオ戦線の戦闘員に贈ったと知らされた。そしてアワーフさんは「その先のことはもう分かりきっているから、話したくない」と言葉を括った。どうやら戦闘員たちの胃袋に収まったようだ。

第四節　難民キャンプが直面する新しい問題

イスラーム原理主義

四十年を越した難民キャンプ社会には、難民という境遇ゆえに慢性的に抱える問題に加えて、最近、以前には見られなかった問題が生じてきている。微々たるレベルではあるもののイスラーム原理主義の浸透だ。

キャンプで生まれ育った若者たちが生きるのは、仮の土地だ。親たちから聞いた祖国への帰還を切望し、それが生きる動力にはなっても、国連和平の名の下に、二十五年以上も戦争でも和平でもない状態が続いている。その間に、展望が見えたかと思えば遠ざかることが繰り返され、国際社会への不信と失望感は強まるばかりだ。もう一度武器をとって、国連和平を踏み躙るモロッコにプレッシャーをかけようという姿勢は、とりわけ若者層に常にある。そしてそんな若者たちの中に、人生の拠り所をイスラームに求め、やがて急進化してゆく者が現れても不思議ではない。

難民キャンプのあるアルジェリアでは、一九八〇年代末に台頭したイスラーム原理主義が国内を席巻して、「暗黒の時代」と呼ばれる内戦状態が十年続いた。二〇〇〇年にイスラーム勢力と政府が合意に達して収束を迎えたが、残党が山岳や砂漠地帯で暗躍し続けた。そしてこういった分子が結束して二〇〇七年に「イスラーム・マグレブ諸国のアル＝カーイダ」ＡＱＩＭ（Al-Qaeda in the Islamic Maghreb）という組織を結成。その後リビアのカッザーフィー政権崩壊後は、他の小組織も生まれて、サハラ砂漠一帯はこうした武装勢力の温床と化し、二〇一三年のイナメナス事件（アルジェリアのイナメナスにある天然ガス精製プラントが襲撃され、人質拘束が起きた事件。外国企業が開発に関わっているため、外国人の犠牲者を出し、日本人では一〇名の死亡者がでた）に見られるように、神出鬼没の活動が活発化していった。

難民キャンプでは二〇一一年十月、現地でＮＧＯ活動をしていたスペイン人二名とイタリア人一名が誘拐され、人質になる事件が発生した。ここに至るまで、身の安全に関わるような事件は一切起きなかった場所だけに、サハラーウィ当局はもちろんのこと、現地に赴いたことのある外国人たちにとっては驚愕の出来事だった。結局一年後にマリのガオで三人が無事に解放されて、事件は決着したが、問題は、砂漠の大海原に浮かぶ孤島のようなこの難民キャンプに、ＡＱＩＭがどうやって忍び込めたかだ。キャンプの中に内通者がいないかぎり、実行不可能な作戦だ。ポリサリオ戦線が捜索に捜索を重ねた末、数名のサハラーウィ容疑者が上がった。

四十年以上経っても、「祖国解放」という西サハラ難民キャンプの根本的問題に、未だ国際社会の手が届かない一方で、イスラーム原理主義という国際的な問題は地の果ての難民キャンプにまで到達している事実は、皮肉な現象といった一言では済まされない。実際、難民キャンプでは、ただでさえ難民という条件が課す厳しい暮らしがあることに加えて、現代世界のいわゆる「普通の国々」の社会が抱える諸問題まで、直面しなければならなくなってきているのだ。

難民キャンプで生まれ育った若者たちで中等、高等教育を目指す者は、外国へ留学しなければならない。例えば二〇一六年度はアルジェリアの高校を卒業したサハラーウィの一割にあたる三五〇人が大学進学資格をとっている。ところが大学や専門学校を卒業してエンジニア、会計士、弁護士といった免状や免許を携えて故郷の難民キャンプに戻っても、他の国々のような社会経済活動が存在しないために、ほとんどの場合は仕事がない。例えば独立後の祖国のためにと大志を抱いて漁業関係の免許を取得しても、現在ではまったく何の役にも立たない。いわゆる失業問題だが、ここにあるのは経済不振が招く失業ではない。人生の坂を上りながら抱いた夢は見事に砕かれ、問題にぶつかる度にその奥底から現われるのは、国が占領されているという現実だ。

麻薬大国、モロッコ

二〇一五年のＵＮＨＣＲの資料によると、難民キャンプ住民人口の60パーセントを三十歳以下の若者が占めている。このような社会環境では、先述の原理主義運動が伸ばす触手にも侵されやすくなるだろう。いや、触手はイスラーム原理主義だけではない。西サハラを占領支配する隣国は、一九九〇年代から世界一の大麻産出・輸出国だ。

米国の国務省二〇一七年度発表によると、二〇一六年のモロッコの大麻密売額は二三〇億ドルで、これは国内ＧＤＰの23パーセントに値する金額に上る。密輸先は主としてヨーロッパで、これまでは地中海を渡ってスペインやフランスに届いていたが、最近は対岸の警戒態勢が一段と厳しくなってきているために、砂漠ルートを利用している。つまり西サハラ国境を越えてモーリタニアやマリ、リビアへと流れ、地中海東部を渡ってヨーロッパに入るルートだ。ちなみにモロッコで麻薬密輸業がどれほど盛んか、米国務省の発表によると、大麻の密輸で収監されている者の人数は一万九千人で、全国の受刑者数の25パーセントを占めている[3]。

そして麻薬密輸国のたいていの場合がそうであるように、現地の有力者や警察の直接あるいは間接的な協力がない限り、麻薬の移動は成り立たない。現に一九九四年、欧州連合（ＥＵ）が、調査を依頼していたフランスの「麻薬の地政学的観測所」Observatoire géopolitique des drogues から受理した報告書によれば、モロッコは当時ヨーロッパにとって大麻の最大供与国だった。そして王室メンバー（ハサン二世国王の義弟と従兄）と元大臣たちが大麻ゲートに関与していることが、報告書には記述されていた[4]。

二〇一六年八月、突然モロッコが、西サハラとモーリタニア国境にある、大西洋に近いゲリーゲラートと呼ばれる地点の一本道の舗装工事に着手した。この辺りはモロッコの築いた砂の壁がモーリタニア国境近くを走り、壁と国境の間は緩衝地帯となっている。ＭＩＮＵＲＳＯの監視所はなく、実際に車両が行き来するなどしていたが、壁の外に出て舗装工事をすることは停戦合意に抵触している。ポリサリオ戦線はすぐさま国連事務総長に通報し、軍事的に警戒体制を敷き、国連はモロッコの工事を停止させた。結局半年以上を経た二〇一七年四月の国連安全保障理事会で決着がつけられたものの、ＭＩＮＵＲＳＯの監視所は相変わらず設けられていない。

この地点がつまり、それまで麻薬密売業者の通過ルートにもなっていたわけだが、一旦争点

2017年6月に押収された麻薬
難民キャンプで放送されるRASDTVのニュース

となって注目されてしまうと、通過はこれまでのように容易ではない。そこで密売業者が新たに開発したルートは、砂の壁で警備の希薄な地点を越えて、地雷の危険を覚悟で反対側へ出る道だ。そこはモロッコ占領支配の外側、サハラーウィが解放区と呼ぶ地域だ。以来、ポリサリオ戦闘員は密輸業者を数回発見し、国連に通報している。二〇一九年七月十三日には解放区北部のルス・ティメルーザという地点で、武装した四人の密輸業者が運んでいた千五百二十五キロの大麻を押収した。それにしてもこの密輸業者の砂の壁越えは、果たして解放区側の協力者なしにできるものだろうか。ポリサリオ戦線にとって、これは先のヨーロッパ人を人質に取ったＡＱＩＭの問題同様、本来の解放闘争を一層複雑化させる難題だ。

失業、イスラーム原理主義、麻薬密輸といった問題は、現在、

（3）Olivier Liffran, 'Un rapport du département d'Etat américain se penche sur le cannabis au Maroc', *Jeune Afrique*, 06/03/2017.
（4）一九九五年十一月三日にこれを記事化したル＝モンド紙は、ハサン二世に名誉毀損で訴えられ、編集長と記者に罰金が科せられた。

多くの社会が直面しているものだが、難民キャンプでは、それらの問題は単に個別的に社会問題として済まされないところに問題の深刻性がある。虎視眈々と隙を伺っては、その問題を利用し、あるいはそのタネを撒こうとするモロッコがそこに控えているからだ。

難民キャンプにこれらの社会問題を生じさせることは、モロッコにとって、停戦下で、兵器とは別の武器で「戦闘」を継続し、独立解放を切望するサハラーウィを破壊することにつながる。国連決議に背を向け続けるモロッコは、時間稼ぎをしながら、一方でこうした悪辣な作戦を展開しているのだ。

また序章で少し触れたように、モロッコは諸外国におけるプロパガンダ活動に余念がない。その言説によれば、難民キャンプのサハラーウィはポリサリオ戦線に軟禁され、祖国へ帰る自由を奪われた人々だ。それを逃れて、モロッコ占領下にある西サハラへ帰ったサハラーウィは数千人いると喧伝している。

確かな数字を私は知らないが、難民キャンプから占領地へ渡った人々はいるし、知人にもいる。その動機は、家族の事情、将来に対する悲観的な見解、ポリサリオ戦線が指導するキャンプ社会における不満や疲弊などで、至極当然だ。しかし難民キャンプのサハラーウィが、占領された西サハラへ渡るに当たり、そこで直面する困難は、モロッコが吹聴するようなポリサリオ戦線の強固な囲い込み態勢ではなく、前章に述べたように占領体制とどう向かい合うかという個々人の腹にかかってくる。一旦占領地に渡った後、難民キャンプに戻ったサハラーウィもいるくらいだ。モロッコにしてみれば、「帰って」きたサハラーウィは数の上では貴重でも、その姿勢次第では厄介者であることは容易に察しがつく。

その他にモロッコのプロパガンダ材料にされるのは、ポリサリオ戦線とテロリスト組織とのつながりや、救援物資の横流しがある。前者に関しては、難民キャンプで発生した人質事件が示すように、組織内部に原理主義グループと関わる人物が出たにしても、ポリサリオ戦線が原理主義組織と関係しているのではない。既に述べたように、これはポリサリオ戦線自体が抱える深刻な問題になっており、ポリサリオはその被害者なのだ。後者については、欧州議会の親モロッコ派の議員たちによる告発を背景として、欧州不正対策局が調査を行い、二〇〇七年に報告書を作成した。報告書に記述されたのは、アルジェリア当局関係者とポリサリオ戦線内の人物が援助物資の横流しに関与している疑いと、難民人口の水増し申請だ。しかし二〇一五年、欧州不正対策局はこの案件に終止符を打っている。一方、難民キャンプ向けのEU援助物資は毎年届けられ、援助の見直しも施されていない。モロッコが喧伝するように、援助物資の横流しがもし組織化されたものであったなら、援助は一時停止などの措置を受けていただろう。

難民キャンプのサハラーウィ人口については、欧州不正対策局の報告書にはポリサリオ戦線側が九万五千人を十六万人と虚偽の申請をしていると記されていた。しかし二〇一八年三月に、

ＵＮＨＣＲが発表した人口は十七万三千六百人だ。レポートの九万五千人が正しい数字なら、十年間で人口の半分近い七万八千六百人が増加したことになる。

欧州不正対策局が親モロッコ派の議員たちのデマに振り回され、それが報告書の中身に反映した可能性は高い。現に欧州不正対策局のサイトでこの案件を検索しても、何一つ出てこない。ところがグーグルで検索すると、滑稽なほど似通った情報が延々と尽きることがない。ソースはどこもモロッコ、あるいはモロッコ・ロビーだ。

いずれにしても、モロッコのプロパガンダで吹聴される、自由や基本的な権利を奪われた社会、テロリストとの関係、それに収賄がまかり通る行政組織といった、難民キャンプ社会に押し付けられたイメージは、どうみてもモロッコ占領下にある社会の焼き直しにしか見えない。ポリサリオ戦線の組織内に問題はあるに違いないが、組織である以上、どこの組織も抱える問題と大差はないだろうし、なによりも「解放されていない」状況に置かれていることが、組織に非民主的な要素をもたらしてしまうことは想像できる。

第一章から本章まで、解放を求める西サハラ人民が置かれた状況やその四十余年の歩みを語ってきたが、最終章では一人のサハラーウィの半生を象徴的に取り上げる。彼の人生は、これまでの章で述べられた史実や事象の証言となってくれるだろう。

終章 あるサハラーウィの半生

二〇一七年にダーフラを訪問した時、私は現地で前線に立って抵抗・抗議活動を続ける活動家たちには連絡をとらなかった。むしろその後方で抵抗する人々を知りたかったことがその理由だが、両者に会おうと思えば、それは不可能でもない。ただ万一、前者に会ったことで当局にマークされれば、私自身が強制送還に遭うだろうし、さらに後者が取り調べを受けるなど、何らかの影響を受けないとはいえない。そうしたことは回避したかったたし、またもう一度ダーフラの地を踏めるように隙間を作っておきたい気持もあった。

けれども本書には、占領下の西サハラ社会を生き、抵抗の第一線で活動するサハラーウィを一人取り上げてみたい。ちょうど二〇一七年十一月にフランスで出版された証言集がある。『不屈のサハラーウィたち』（*Irréductibles Sahraouies*）(1)と題されたこの本の著者ミシェル・ドゥカステールさんは、二〇〇二年以来占領地を何度も訪れてサハラーウィの裁判を傍聴し、人権活動家たちの話を集めていた。しかし二〇一四年に空港で入国拒否に遭い、二度と現地に足を踏み込むことができなくなっている。

フランスの大手メディアは、第三章で詳述したようにモロッコと密接な関係にあり、そのため占領下の人権問題を封印しているのも同然だ。ドゥカステールさんはそんな片隅に追いやられた抵抗の声を伝えようとして、活動家たちの長短七十一の証言を集めた。証言は必ずしも重い内容ばかりではなく、サハラーウィの持ち前のユーモアも飛び出す。集められた証言には男女が混じっているが、タイトルの「サハラーウィたち」は女性複数形が用いられている。男女が混合している場合でも複数形が常に男性形となるフランス語文法に、ドゥカステールさんは反発してそうではない前例を作ったそうだ。

活動家たちの中には、海外で人権賞を受賞し名の知れた人たちがいるが、ここではダハー・ラフムーニーさんの証言を選んで、主な箇所を訳出した。ラフムーニーさんの語る半生には、本書に綴った西サハラの出来事の数々が、まるで絶え間なく吹く風の音のように響いてくる。

（訳出テキストには、折々（　）に年代やラフムーニーさんの年齢を入れた。訳注は本文中に〔　〕で示した。）

ラフムーニーさん（右）とドゥカステールさん（中央）
Irréductibles Sahraouies より

私は一九六八年にチーファーリーチーで生まれました。父サラーマ・コーリーは家畜飼育を生業にし、母ヌイナ・シーディ・アリーとの間に七人の子供がいました。現在私は結婚していて、三人の子がいます。

私は子供時代をエル＝アイウンで過ごしました。というのも一九六十年代の末に両親の家畜が旱魃の被害を受けたので（第一章第二節参照）、都会へ移り住んだのです。ですから私には、砂漠で過ごした思い出はほとんど残っていません。母にとって、都会へ移ることは全てを失うことを意味していたので、ずいぶんとこれに反対し、父と口論になっていたようです。周りの人々は手元に残った家畜を売り払い、ランド・ローバーと家を購入してい

（1）Michéle Decaster, *Irreducibles Sahraouies*, La Grange, 2017.

ました。一方砂漠では、スペイン軍が解放闘争の始まりを封じ込めようとして、哨戒部隊をあちこちに展開していました。

父は、道路建設会社に作業員として雇われました。スペイン人の親方は木造の小屋に住み、私たちは他の作業員家族と並んでテントに住みました。つまりフリグ(2)を作って、道路建設の進捗に伴って移動していたのです。母はヤギを数匹飼い、都会に暮らさずに済んで、嬉しそうでした。私たち子供は、コーラン学校に通いました。

土木工事が終了すると、家族はエル＝アイウンに戻り、父は警察隊に入り、小さな家を借りました。

私は遊び仲間と、よくスペイン人居住区に行きました。そこで玩具をもらったりして、スペイン人の生活スタイルには目を奪われていました。廃品回収をしていた男がいて、子供たちはその男と敵対関係にありました。私たちを追い払うために、追っかけたり叩いたりしたのです。ある日その男から逃げ回っていた時、私は転倒して膝を怪我しました。そこへたまたまスペイン人女性が通りかかり、私を病院に連れて行って手当を受けさせ、家まで車で送ってくれました。おまけに彼女は警察に電話をしてこの男のことを通報し、次第に私の家族と親しくなりました。この女性が、私の両親に私を学校にやるようにと説得したので、当時はとても珍しかったことですが、私はまず幼稚園に通うことになりました。その後小学校に入

ると間もなく、モロッコの侵攻が始まり、結局学校に行ったのは二ヵ月だけでした。（一九七五年）
その前、五月に国連視察団が訪れましたが、その時母は私をデモに連れていきました。子供たちは皆、迷子にならないように母親のメラフファをしっかり掴んでいました。（七才）
スペイン人の引き揚げは憶えています。私の友達、ファンの家族が去ってしまった時は、泣いてばかりいました。母は自分の兄弟三人が住処を後にして去っていったので、涙を流していました。その後兄弟の一人は戦闘で亡くなり、あとの二人は難民キャンプへと避難しました。母はポリサリオ戦線の細胞に加わっていたので、独立を目指して女性たちの啓発を行っていました。女性たちは、非常に大きな役割を果たしました。ここが、その前のバシーリーたちの組織と違う点です。(3) 一九七〇年のゼムラ蜂起は男性だけで組織され、潰されてしまいました。ポリサリオ戦線の場合は、女性たちが唄や踊りで自分たちの文化を守りながら、その一方で情報を流していたのです。それはとてもさり気なく行われていました。
一方父の方は、スペイン警察隊に入っていたので、家を建てました。ポリサリオ戦線には入っていませんでした。父は仕事上付き合っていたサハラーウィ名士たちの影響で、ポリサリオ戦線を信用していなかったようです。

（2）野営するテントの集落。第一章二十三頁参照。
（3）第一章第二節参照。

スペイン人たちが去り、先生たちも去り、その後モロッコ人の先生がやってくるまで学校は休校でした。こうして私が通学を再開したのは、一九七七年のことでした。同級生の顔が変わり、町を行く人々も変わっていました。サハラーウィの名士たちが住む地区には、モロッコ人の楽団が通っていました。私たちの住む庶民的な地区には、反逆者たちがいたので、モロッコ軍がいて、銃剣を脇にしていきなり家に押し入り、住民に恐怖を巻き散らしていました。とりわけ若者たちが連行されていたので、人々はポリサリオ解放軍に加わる道を選んでいました。ポリサリオ戦線のエル＝アイウン襲撃があったのは、この頃です。モロッコのテレビでは、住民に羊を配給する映像を流して豊かな国モロッコのイメージを吹聴していましたが、実際は、街路にはゴミ箱を漁る貧しいモロッコ人がいました。

エル＝アイウンの町の東方には、兵舎が設けられて、砂漠にはトラックやテント群が常駐して、多くの兵隊がいました。日が暮れると彼らは町の中をパトロールしにやってくるのですが、私たちの地区には電気がなかったので、とても不気味で不安でした。家の中はろうそくで明かりをとっていました。夫がポリサリオ戦線に加わって行ってしまい、一人暮らしになった女性たちがモロッコ兵に強姦されたため、彼女たちは夜になると隣近所や両親の家で過ごすようになりました。

私の目に焼き付いて、今も忘れられない光景があります。近所に住む老人男性が、生涯を遊牧で過ごした人なので、家の中で眠ることが性に合わず、家の傍にハイマを張ってそこで寝床につき、外の様子を伺ったりしていました。モロッコ兵たちが、先のポリサリオ戦線の襲撃の後、その仕返しとしてこの年寄りに暴行を加えた挙句、彼を短刀で刺しました。私は学校に向かう時に、この遺体が横たわっている光景を見てしまいました。モロッコ人に対する憎しみが私の胸に宿ったのは、この時です。隣近所や親戚には、消息不明になった人たちがいました。子供心にも、ポリサリオ戦線をよく言わない人がいると私は反感を抱くようになっていました。

母は自分の兄弟の近況を知る度に、彼らのことを口にしていました、私もそれに注意深く耳を傾けていました。両親はニュースの時間になるとラジオを点けて、外に漏れないように僅かな音量で聞くので、二人とも受信機に頭をくっつけていました。家は一部屋と台所だけだったので、家族の会話はいつも筒抜けでした。戦争にまつわる風説、ポリサリオ戦線の攻撃、モロッコ人捕虜の話などです。

伝統的な行事や婚礼などで人が集う時は、私たちの文化が生き続けていることを示していました。楽団を呼び、口誦詩人は賛辞を詠いあげていました。詩句で掛け合い比べをし、あるいは射撃の腕比べもあって、勝ち抜くと英雄扱いされました。

モロッコは、躍起になって私たちの世代にモロッコ人意識を植え付けようとし、例えば授業の開始前にはモロッコ国歌斉唱が義務付けられていました。けれどもこの試みは、サハラーウィ女性たちの姿勢の前に頓挫しました。女性たちは、政治組織も、集会も、会合も、機関紙も、何の手段もないにも拘わらず、新しい世代にアイデンティティと抵抗の意識を育むことに成功したのです。

その当時、ポリサリオ戦線の細胞が潜伏活動をしていることを誰もが知っていました。夜になると通りに〔RASDの〕国旗が放られ、ビラが撒かれたりしていましたから。でも、その活動家が誰なのかは誰にも分かりませんでした。

一九八七年十一月、国連が現地調査のために技術委員会を派遣することになりました。私たちがそれを知ったのは、派遣団到着の二週間前でした。モロッコ当局は警察、治安部隊を至るところに配置して警戒態勢に入り、サハラーウィの名士たちを脅して若者たちが行動に出ないように締めつけました。私たち高校生八人は、一九七五年五月の国連視察団訪問の時のように、民族衣装の下に国旗やビラを隠し持ち、派遣団が前に現われた瞬間に旗を取り出してビラを撒くことにしました。（十九才）

到着予定日の数日前、私は信仰心の篤い叔父に、自分の国のために死を覚悟する人間は殉教者かどうかを尋ねました。叔父は自分の宗教知識はそれに答えられるレベルではないとだけ言って、答えを避けました。私に何が起きるかを、恐れていたのです。消息不明になることへの恐怖は、誰の胸にも浸透していましたから。この日強制連行される者が続出して、私も家族の温もりを絶たれるのだろうという予感がしましたが、家ではごく普通にふるまうように努めました。

仲間との打ち合わせで、翌朝五時に家を出ることになっていたので、目覚ましをかけました。と、その五分後、家の扉を叩く音がして、父が開けに出ました。警官たちが入ってきて、私に「お前か、ダハーは?」と尋ね、家宅捜査を始めました。国旗を見つけると、私は服を着るように命じられ、外へ連れ出されました。車に乗せられ目隠しをされ、車は右に左にしょっちゅう曲がり、私には行き先が分からなくなるようにして走りました。目的地に着くと、車から下りて全速力で走れと命令されました。私はそこが川の淵、絶壁のある場所で、私をそこに落とすつもりなのだろうと、ふと思いました。けれども私は壁に衝突しました。私は、羊のように引っ張られて建物の中に連れて行かれ、一室に入れられました。

すると辺りからうめき声が聞こえ、もしかすると一九七五年以降に強制連行され、消息不明になっている人たちではないだろうかと思いました。守衛が私を尋問に連れて行き、相手の求める答を出さないと拷問室へ連れて行かれました。ある時、仲間のムハンマド・ラムバルキに出会いました。彼は私たちのいる場所がＰＣＭＩ(4)だと知っていました。と言うのも、

(4) Poste de Commandement Compagnie Mobile d'Intervention　介入機動部隊　指令局

彼にとっては二度目の拘束だったのです。子供の頃、四、五人の仲間と国王の写真に大便をくっつけたため、彼はそこに一年以上閉じ込められていたのです。その後私たちは海の近くにある旧スペイン軍兵舎に移され、そこで二週間ほとんど飲まず食わずで、毛布もない床の上に放り出されたままでした。そしてまたPＣＭＩに戻って、尋問と拷問が再開し……。結局、私たちは一九九一年六月までこの秘密牢の中にいました。（四年間）

この強制失踪のために、私は大学に進学する機会を失いました。バカロレア試験を受けるためには高校に戻らねばなりませんが、それも拒否されました。私たちに唯一残された希望は、住民投票しかありませんでした。その年の九月、私は応用技術学院の試験に合格して、そこに通うことになりました。学期休みになると魚の缶詰工場で働いて、一九九四年までの二年間、この学校に通いました。（二十六才）

かつて消息不明者となったサハラーウィには、社会復帰も許されず、精神面の支援もありません。サハラーウィ社会の中では尊ばれても、占領社会では疎外されます。職はなく、移動の権利さえもないのです。当局は、このような私たちを見せしめにして、次の世代に、住民投票を求めて立ちあがる行為を思いとどまらせるのです。こうした中で私たちはもう一度行動を起こし、今度は、消息不明者となったサハラーウィの真実を明かし、記憶を護ることにしました。膨大かつ微妙な活動作業です。一九九一年に秘密の監獄から出た者たちのうち、三百二十五名の名簿が出来上がりました。二百六十九名がカルア・ムグーナで、五十四名がエル＝アイウンのPC CMI、二名がタズママルト近くのリシュ・ドゥ・ガラーマ、四十八名が苦悶の底で死亡。五百二十六名は未だに消息不明です。

（……）

一九九八年に、西サハラの人権状況を囲っていた沈黙の壁がやっと破られ、モロッコ当局の弁明が覆されました。この年、被害者およびその家族からなる市民グループが結成され、被害者としての権利を主張することになったのです。翌年一九九九年には、アムネスティ・インターナショナルやジュネーヴの拷問禁止委員会と接触できるようになりました。また在モロッコ米国大使館への働きかけが功を奏し、米国国務省が毎年発表する国別人権報告書に西サハラが記載されることになったのもこの年です。私たちはこの情報をモロッコのメディアや海外の人権NGOに拡散し、モロッコ当局に対しては職場復帰の権利や消失財産（家畜、家、車）の賠償、そして消息不明者たちに関する真実の情報を求めました。（……）

また在モロッコの各国大使館にも連絡を取り、いくつかの大使館の代表者と接触しました。こうした中で手にした成果は、モロッコの人権諮問委員会が、私たちの作成した被害者リストを最終的に受理したことです。これは米国を筆頭にした諸大使館からの圧力の成果でした。

（……）

二〇〇〇年、私は第五十五回国連人権委員会に参加するためにジュネーヴに行きました。占領地のサハラーウィ活動家が参加したのは初めてです。私はモロッコの人権諮問委員会ドリース・ダハーク会長に、そこで初めて会いました。彼は、賠償や職場復帰などの問題については、公正に取り扱うから安心していいと言いましたが、信じられるはずがありません。当時モロッコではこの消息不明者やその家族に関する補償について、マスメディアやさまざまな書物がこれを取り上げて話題となり、被害者は月に五千ディルハム〔約六万五千円〕を受け取っていました。しかしサハラーウィの家族は、そこから排除されていました。サハラーウィにはモロッコ人ほどの重みはなかったのです。

そこで私たちはエル＝アイウンとスマーラで被害者や家族たちとの会合を開き、現時点で書類にサインをすれば、補償が下りてもモロッコ人と同様でなく、差別待遇を受ける危険性があることについて説明しました。そこで、補償条件が全て明らかにされるまでは、サインをせずに待つことを提案しました。

ところがモロッコ当局はサハラーウィ名士たちを遣い、私たちがこの補償問題を実は政治的に利用しようと企み、被害者が補償を受け取ることを妨害していると名士たちに言わせて、デマ情報を流しました。その結果、多くのサハラーウィがモロッコ当局の書類にサインをしてしまい、屈辱的な差別待遇に甘んじなければならなくなりました。二〇〇三年の時点で、モロッコ当局に申請された被害者件数は総数五千百二十七件で、その内二千件以上がサハラーウィでした。

二〇〇四年、モロッコ政府は「公正和解委員会」を発足させます。しかしこの委員会の委員は国王が任命し、公正和解委員会はハサン二世の時代終焉を印象づけるためのプロパガンダでしかありませんでした。西サハラから提出された書類件数は一万四千件ありました。この委員会の賠償行為には規準がなく、南アフリカの「真実和解委員会」のように国連が定めた規準を遵守するどころか、これを踏み躙っていました。いかなる場合も申し立てはできず、強制失踪の再発はないという補償はどこにもありませんでした。また「公正和解委員会」のホームページには、モロッコの団体が提出した資料は掲載されても、サハラーウィの資料は一度も掲載されたことはありません。犠牲者遺族は遺骸を返してもらえず、遺体鑑定もしてもらえません。また支払われる賠償金は、モロッコ人と比較して低額です。

「公正和解委員会」の委員たちの中には、駐リトアニア共和国モロッコ大使を務めるハディージャ・ルイーシー（当時）のように身内に消息不明者を抱える委員がいますが、そんな委員たちがサハラーウィの被害者家族に対して、真相解明を求めずに、賠償金の受け取りだけにするように勧めます。ところが自分たちの家族の被害者となると、彼らは真相解明を求めているのです。

（……）

二〇〇五年五月七日、「モロッコ国家が犯す重大な人権侵害の被害者のためのサハラーウィ協会」ASVDH（Association Sahraouie des Victimes des Violations Graves des Droits de l'Homme Commises par l'Etat Marocain）の設立総会が開かれました。私たちが直に役所に団体設立の届け出書類を提出しても受理を拒否されたため、法務執行吏を介して提出しました。しかし受領書は受け取れませんでした。当時、ASVDHの会長も事務局長も刑務所に入っていましたが、私たちは法務執行吏の受理記録を根拠に、モロッコ国家を告訴しました。その後私たちはこの事態に対して告発を繰り返し、海外の人権団体からの支援を受けて、やっと二〇一五年に受領書の交付に辿り着き

ASVDH設立総会。エル＝アイウン、2005年5月7日。*Irréductibles Sahraouies*, p.190

ました。ところが、団体の登録名に部分的削除が施されていたので〔「モロッコ国家が犯す」が削られていた〕、私たちはこれに抗議して書類を拒否しました。その後、正式名が記されている書類が交付され、エル＝アイウンに事務所を構えることができました。

モロッコ当局の不当措置に抗議してハンストをしたアミーナートゥ・ハイダル。*todos con aminetu*

サハラーウィのインティファーダ〔アラビア語で「蜂起」の意味〕が始まったのは二〇〇五年ですが、活動家たちは次々に逮捕され、その後は数年かかる不当裁判が続きました。市民社会の中心人物たちが監禁状態になったのです。それは、アミーナートゥ・ハイダル[5]、フマド・ハマード[6]、ブラーヒーム・ダハーン[7]といった人たちです。

私たちの活動作業は、裁判闘争、逮捕者の家族への支援、海外に向けた情報発信、海外の人権団体やNGOとのコンタクト

（5）ライト・ラブリフッド賞やロバート・F・ケネディ人権賞など四つの人権賞を受賞。活動組織は「サハラーウィの人権のための集団」Collectif des Droits de l'Homme Sahraouis

（6）「西サハラ人民の自決権擁護委員会」Comité de Défense du Droit d'Autodétermination du Peuple du Sahara Occidental の副代表。

（7）ASVDH会長

など、尽きることがありませんでした。その間、私に対する逮捕や嫌がらせは繰り返されました。逮捕され、二日間目隠しをされて過ごした時、私は、モロッコ権力の為すことは以前と何ら変わってはいないことを思い知りました。尋問、拷問、劣悪な拘束条件、家族への弾圧、そして目を通さずにサインを強制される書類です。サインを拒否すれば、手を握られて力づくで指印をさせられます。

この頃、消息不明者のものと思われる遺骸が見つかりました。それは、一九八〇年にエル＝アイウン郊外を遊牧していたという、あるサハラーウィ男性の証言のおかげでした。その人は、ある晩モロッコ国土保安局の車がやって来て、砂丘の麓に誰かを埋めるのを見たと言うのです。遺骸は恐らくラバーニーという消息不明者だと思われます。ラバーニーは当時エル＝アイウンのラジオ地方局の責任者を務めていました。ＡＳＶＤＨは遺族に代わって「公正和解委員会」にＤＮＡ鑑定を求めましたが、回答はないままです。この件はアムネスティ・インターナショナルに届け出ました。

こうしたことを背景に、二〇一〇年、あのグデイム・イジーク抗議キャンプ村が生まれたのです。そして抗議村の壊滅後、ＡＳＶＤＨは慎重に慎重を重ねて、逮捕や家宅侵入、財産破壊行為に関する情報を集め、また逮捕への恐れから病院治療を受けない負傷者の手当てや逮捕者家族の支援に従事しながら、二〇一一年一月に報告書を完成させました。慎重を要するのは、こうした活動をする者自身が逮捕に遭う可能性があるからです。この作業に関わったのはほんの少人数のメンバーです。会長は投獄され、事務局長や他の活動家たちは逮捕を逃れるために海外に数ヵ月留まっていましたから。

モロッコが行う裁判はいつも、何ヵ月もの間をおいて再審が繰り返されます。これは裁判闘争を担う活動家や外国のオブザーバー、それに家族を疲弊させ、諦めさせるのが狙いです。

（……）

私たちは非暴力の抵抗を掲げ、実際にそれを続けてきました。しかし、いつまでこれを続けられるかは誰にも分かりません。新しい世代は、人権問題に根差した私たちの非暴力運動に対して、もはや信頼を置かないかもしれません。ポリサリオ戦線の前大会(8)でも見られたように、フランスとスペインが後ろ盾する占領状態に対して、これ以上この調子で続けるわけにはいかないという声が高まっていますから。

二〇一六年五月と二〇一七年七月、アルジャントゥイユ（フランス）にて

国連がサハラーウィに民族自決権を約束して、およそ三十年近い時が流れた。戦争でもなく

(8) 二〇一五年十二月の第十四回大会。主に青年層から、武装闘争の再開を求める声が上がった。

和平でもないこの年月は、西サハラの資源を貪るモロッコに有利に過ぎていくだけだ。モロッコは西サハラの人々を求めてはいない。西サハラにある資源が欲しいだけだ。

ここまでくれば、ラハムーニーさんが語ったように、もう一度武器をとろうという声が上がるのも当然だろう。武器で解放を手にしようと言うのではなく、あくまでもモロッコを国際正義の下に呼び戻すためのプレッシャーだ。この見方を支持するのは、当事者のサハラーウィだけではない。「フランスや米国がモロッコを支える限り、住民投票は行われないだろう」と述べ、武器による道を示唆する国際紛争のアナリストさえいる。[9]

三十年経っても和平を成就できなかった国際社会には、西サハラの人々に向かって更なる忍耐を求めることなどできるものだろうか。非暴力の抵抗か、武器か。この選択はむしろ「約束を果たせるか否か」の問いとして今、国際社会に突きつけられている。

(9) Carne Ross, 'From conflict to compromise: Lessons in creating a state', *Independent Diplomat*, 27/06/2019.

西サハラ年表

一八八一　スペインがダーフラに漁業のための桟橋を建設。
一八八四　ベルリン会議でスペイン領サハラが誕生。
一九四七　スペイン領サハラでリン鉱床が発見される。
一九五八　仏西合同の掃討作戦。当地域一帯の反植民地ゲリラ闘争をせん滅。
一九六〇　植民地独立付与宣言と呼ばれる国連決議一五一四号の採択。
一九六五　スペイン領サハラの脱植民地化を求める国連決議二〇七二号の採択。
一九七〇　エル＝アイウンのゼムラ区で、サハラーウィ住民の蜂起。指導者バシーリーは逮捕され、以後行方不明。
一九七三　ポリサリオ解放戦線の結成。
一九七五　五月、国連視察団の現地訪問。
十月十六日、ハーグ国際司法裁判所が諮問見解を発表。同日午後、ハサン二世はテレビ演説で国民に「緑の行進」を呼びかけ。
十一月六日、三十五万人を動員した「緑の行進」開始。同時に王国軍はスペイン領サハラに侵攻。
十一月十四日、マドリッド三国間協定。スペインはモロッコとモーリタニアに西サハラを分割譲与。

一九七六　一月-二月、モロッコ軍はウンム・ドゥレイガ、その他の村をナパーム弾など化学兵器で空爆。
二月二十七日、解放区のビゥル・ラフルーでサハラ・アラブ民主共和国ＲＡＳＤ建国宣言。
六月、ポリサリオ戦線のエル＝ワーリー書記長は、ヌアクショット攻撃戦で死亡。
一九七九　モーリタニア、ポリサリオ戦線と和平協定を締結。
一九八四　アフリカ統一機構ＯＡＵは、ＲＡＳＤを正式に加盟国として承認。これを不服としたモロッコはＯＡＵを脱会。
一九九一　国連和平案に当事者双方が合意。西サハラ住民投票のための派遣団ＭＩＮＵＲＳＯ発足。
九月六日、停戦。
一九九七　住民投票の実施が困難になる中、アナン国連事務総長はジェームス・ベーカー氏を個人特使に任命。モロッコとポリサリオ戦線はヒューストンで合意締結。二〇〇〇年七月に住民投票実施の予定。
一九九九　ハサン二世死去。ムハンマド六世が即位。
二〇〇〇　国連の有権者認定委員会は住民投票の有権者リストを発表。モロッコはこれに対し七万九千人の申し立てリストを提出。
二〇〇二　国連法務部のハンス・コーレル部長は、西サハラ資源に関してモロッコと結ぶ契約は国際法上違反と発表。
二〇〇三　ベーカー個人特使は、ベーカー案（四-五年間の自治、その後住民投票）を提案。ポリサリオ戦線は承諾し、モロッコは拒否。
二〇〇四　ベーカー個人特使が辞任。
二〇〇五　占領地のサハラーウィによる占領拒否の示威行動が頻繁化し、弾圧がエスカレート。

二〇〇九　ポリサリオ戦線は最後のモロッコ兵捕虜四百四人を解放。

二〇一〇　一月、クリストファー・ロスが個人特使となる。

　十月、グデイム・イジーク抗議キャンプ村開始。

　十一月、モロッコ軍と治安部隊によりグデイム・イジーク抗議キャンプ村壊滅。

二〇一二　十二月、ポリサリオ戦線第十三回大会に、占領地からの代表団が初参加（十六名）。

二〇一三　二月、モロッコの軍事法廷がグデイム・イジーク・グループ二十五名に不当判決。

　四月、米国はＭＩＮＵＲＳＯの任務に人権問題監視の追加を安保理に提案するも、フランスの拒否に遭う。

二〇一五　三月、潘基文事務総長、難民キャンプを訪問。

　五月、ムハンマド・アブデルアジーズＲＡＳＤ大統領死去。

　七月、ブラーヒーム・ガーリーがＲＡＳＤ大統領就任。

二〇一七　五月、南アフリカは西サハラのリン鉱石を積んだ貨物船チェリー・ブラッサム号を拿捕。

　六月、南アフリカ最高裁判所はリン鉱石の所有者を判明させる裁判訴訟を決定。モロッコは訴訟手続きを放棄。

　十一月、コートジボワールで開催されたＥＵ・ＡＵ首脳会議にガーリー大統領が参加。

　八月、グテーレス新国連事務総長の個人特使としてホルスト・ケーラー元ドイツ大統領が就任。

二〇一九　五月、健康上の理由でケーラー個人特使が辞任。

あとがき

先祖が代々に渡って享受してきた自由を取り戻すために闘い、辛抱し、拒み続けるサハラーウィの民族としての轍《わだち》、これを辿るのはここでお終いとなる。読者の方々には、西サハラと日本を隔てる距離を、想像と理解で幾分かは縮めていただくことができただろうか。本書に取り上げられたサハラーウィの受難と抵抗は、氷山の一角でしかないし、私の乏しい表現力も重なって、ページ上ではサハラーウィの人民としての存在を充分に訴えるに至れない。

西サハラをテーマにして本を出すのは、本書が二冊目で、前回は一九九二年、『蜃気楼の共和国？——西サハラ独立への歩み』を現代企画室から出していただいた。今もなおモロッコは占領下のサハラーウィの声を封殺しているが、当時は情報・通信手段が今日のようにサハラーウィ各自の手元にはなく、海外に届く声は非常に限られていた。それに私自身が占領地をまだ訪れていなかったため、前著で私が伝えることのできたサハラーウィの存在は、むしろ難民キャンプ側のことだった。今世紀に入って二度、占領の屈辱に覆われた土を踏み、そこに生きるサハラーウィに接して、「砂の壁」の西側に刻まれた轍も認めることができた。このことが、もう一度日本で西サハラについて訴えてみたい気持を呼び、こうして二冊目が生まれた。

本書では最近のモロッコ国内の人権問題には詳しく触れなかったが、どうしても一つ挙げておきたい問題がある。それは北部リーフ地方で二〇一六年十月に始まった非暴力抗議運動で、引き金となったのは、貧しい魚売りの悲劇的な死亡事故だった。被害者の男性は地中海に面したアル＝フセイマ村で漁業を営んでいたが、収穫した魚を警察に没収、処分されて、それを取り戻そうとしたところ、ゴミ収集車のスコップに掻き込まれて無残な形で命を落とした。この事件に涙し、日頃からの積もり積もった怒りに動かされた多くの住民は街頭に繰り出し、その後連日リーフ地方のあちこちの通りを埋め尽くした。しかし半年後、途轍もない弾圧が民衆を襲い、指導者たちの収監をもって運動は痛々しいほどに潰されてしまった。

リーフ地方は歴史的に反植民地闘争、その後は中央の王権に反旗を翻しては容赦なき鎮圧を受けてきたベルベル人住民が居住する地域だが、まるでその腹いせのように、この地方には大型の総合病院もなければ大学もない。重病を治療したければ、あるいは学業を修めたければ、本人や家族は遠く離れた都市に移動しなければならない。このように社会的に見捨てられてきたため、社会インフラを求める住民の抗議運動が再び生まれたのだった。今回の運動規模の大きさと、さらには他の地方に及んだ連帯運動に震えあがった王権は、治安当局にこれを暴圧させた。その結果八百人が裁判にかけられ、その半数に刑が下され[1]、指導者ナーセル・ゼフザーフィ以下三名は二十年の禁固刑を言い渡されている。リーフ地方は耕地面積のおよそ三分の一が大麻栽培で覆われ、大麻御殿や国王の別荘がある。日本では青色の街シャウエンが観光スポットとして人気があるが、外国人客向けに厚化粧した地区から一歩外れると、そこでは手の施しようのないような貧しさが、政治的に構造化されて蔓延しているのが現実の顔だ。

そんな国モロッコの国王は、海外のゴシップメディアにとって、ネタ提供のセレブでもある。最近は離婚騒動、ボクサーとの交際、それに約十一億七千万円の豪華ヨットや二千六百万円のダイヤの腕時計を購入した話題が写真付で公開された。車庫には六百台の高級車が並び、王宮は国内だけで十二ヵ所にある。産油国でもないモロッコで、この途方もない財産が一体どこで築かれるのか、もう読者には想像に難くないことだろう。

一方、この六月にBBCが発表したアンケート調査の結果では[2]、四十代の国民の22パーセントが海外移住を希望し、三十才以下を対象にするとそれは70パーセントにまで及んでいる。貧困と展望の抱けない社会が映し出された数字だ。

確かに、貧困を抱えた国で観光地が開発される例は他所にもあるが、モロッコの場合、華やかな国際的文化イベントの開催などと同様に、その狙いは、実像を隠蔽して、自由で開化された国の虚像を海外に定着させることにある。欧米に近似したイメージや異国情緒豊かな魅力を売って点をかせぎ、占領や人権をめぐる実像に関しては無知あるいは黙認を通してもらいたいのだ。その点では、本書第三章で紹介したアルモドバル兄弟監督のマラケシュ国際映画祭への欠席は、実像を知っているからこそ虚像の罠にかかることを拒む理解者の姿勢として、誰もが参考にすべき姿勢だ。アルモドバル監督（弟）が欠席の理由として引き合いに出した移民ゴムボート、これについて、こんなスペインの風刺画がある。

「最近、海岸に移民ゴムボートが辿り着かなくなった」「ああ、今国王がヨットを浮かべているからだ」。ヨット上の国王の視界にはゴムボートなどが出現することのないように、海上は完璧にコントロール下に置かれ、地中海は国王の庭も同然になる。

本書執筆が最終段階に入る頃、日本では横浜で第七回アフリカ開発会議（TICAD7）が開催された。日本政府は、サハラ・アラブ民主共和国RASD代表団の参加阻止を画策するモロッコと、全加盟国参加の原則を遵守するアフリカ連合の板挟みになって、RASD代表団を招待せずに、その参加を暗黙裡に認めた。けれども同代表団に発言の機会は与えないという、まことに貧弱な外交精神のホスト国の顔をさらけ出した。これはRASDに対してだけではなく、RASDをメンバー国としているアフリカ連合に対するあからさまな無礼だ。

日本が承認していないから招待しない、という事訳は確かに尤もらしく聞こえる。しかしそれなら、モロッコが輸出する西サハラ産物も日本は輸入しないという立場をとるべきではないか。日本は、そして世界中のどの国も、西サハラに対するモロッコの主権を承認してはいないのだから。

ＴＩＣＡＤ開催の二ヵ月半前に日本では西サハラの支援団体「西サハラ友の会」が発足している。友の会メンバーがＴＩＣＡＤ開催の前後に、雑誌『世界』[3]への寄稿やＲＡＳＤ外相との記者インタヴューなどを実現させたおかげで、ＲＡＳＤのＴＩＣＡＤ参加が紙メディアやデジタルメディアで一応取り上げられた。もし友の会の活動がなかったら、メディアの対応も日本政府のそれと似たりよったりだったかもしれない。知ることは、私たちのものの見方自体に幅広さや豊かさを加えてくれる。

西サハラについて二冊目になる本書の刊行は、裏を返せば、四半世紀経た今日も問題は依然としてそこにあることを物語っている。西サハラ問題の置かれた状況は、国連和平の成立後、四半世紀以上にわたって、一進一退をただ更新してきただけなのだ。それにも拘わらず、サハラーウィは諦めていない。逆境に耐えながら、常に新たに挑む意志を持っている。身勝手な国際社会に飽き飽きして当然の本人たちが諦めてはいないのに、支援者の私たちが麻痺してはいられない。サハラーウィの足取りに倣おう。

より多くの人に知ってもらうことで、日本においてサハラーウィの存在が認められ、理解が築かれることを目指したい。国際社会が約束した民族としての権利を手に、西サハラの人々が解放される日を待ち望みながら、さまざまな形で私たちにできる支援を寄せ続けたい。そしてその心を共にする「友の会」の活動に、本書が少しでも役立つことができれば本望だ[4]。

最後に、写真提供や地図作成で貴重なご協力をいただいたジャーナリストの岩崎有一氏、数々の意義深いご教示を下さった京都大学の岡真理先生に心からのお礼を申し上げます。そして常に弱者の声を取り上げて来られたインパクト出版会に本書の出版を引き受けていただき、深田卓社長のご理解に深く感謝いたします。

二〇一九年九月十二日　グラナダにて

新郷　啓子

（1）二〇一九年の国王恩赦で百八十八名が釈放。
（2）https://www.bbc.com/news/world-africa-48771758　二〇一九年六月二十七日
（3）勝俣誠「世界のアフリカ　人々が変える大陸」、岩崎有一「西サハラ　最後の植民地と人々」、松野明久「西サハラ独立問題の歴史と展望」。『世界』二〇一九年九月号。
（4）「西サハラ友の会」のＨＰは https://fwsjp.org

［著 者］

新郷 啓子（しんごう けいこ）

1950年生まれ。1980年以降フランス、そしてスペインに在住。1983年から現在に至るまで、様々な形で西サハラ支援の活動を続けている。
著書『蜃気楼の共和国？——西サハラ独立への歩み』現代企画室、1992年。

抵抗《ていこう》の轍《わだち》　アフリカ最後《さいご》の植民地《しょくみんち》、西《にし》サハラ

2019年 11月30日　第1刷発行

著　者　新　郷　啓　子
発行人　深　田　　　卓
装幀者　イトー・ターリ
発　行　インパクト出版会
〒113-0033　東京都文京区本郷2-5-11　服部ビル2F
Tel 03-3818-7576　Fax 03-3818-8676
E-mail：impact@jca.apc.org
http://impact-shuppankai.com/
郵便振替　00110-9-83148

モリモト印刷